品牌标识设计
Brand Sign Design

赵志勇 编著

上海人民美术出版社

前言

品牌标识设计采用符号为外观载体，情感为核心内涵，追求两者的和谐统一，从而超越物质形态触及精神层面。它包容多样文化和传统，历久弥新，形成一种类似信仰的精神凝聚力。

如今，全球品牌标识艺术已迈入全新的发展阶段，呈现出明显的符号化趋势。在此基础上，设计师更加注重通过鲜明的视觉艺术形象来吸引观者，强调标识的简约、精准与内敛之美。

本书全面介绍了品牌标识设计的概念、表现形式、设计流程、创意方法及系统构建等内容，旨在帮助读者深入了解这一独特的设计语言，以更好地应用于实际设计工作中。

本教材的特点如下。

- 结合理论与丰富多元的设计案例，建立基础与专业的桥梁，指导学习者掌握外观与内涵的融合技巧，为运用视觉原则创造卓越品牌奠定坚实基础。

• 作为入门指南，本书为品牌标识设计师提供了一套通用而有序的操作步骤，清晰展示从构思到执行的全过程，让学生在学习过程中深刻理解设计理念与方法论。

• 针对当前设计教育的实际需求，本书从多个角度综合论述了品牌标识设计的基础理论与行业前沿动态，旨在提供与时俱进、激发创新的教学方法和体系。

感谢众多杰出设计师贡献的精彩案例，因时间紧迫未逐一联系原作者，请见谅。若有作品信息不明导致未能联络上的情况，请相关作者与我们联系，我们将及时寄送样书并致谢。特别感谢深圳市西利标识研究院张西利院长在本书编写过程中给予的悉心指导。

赵志勇

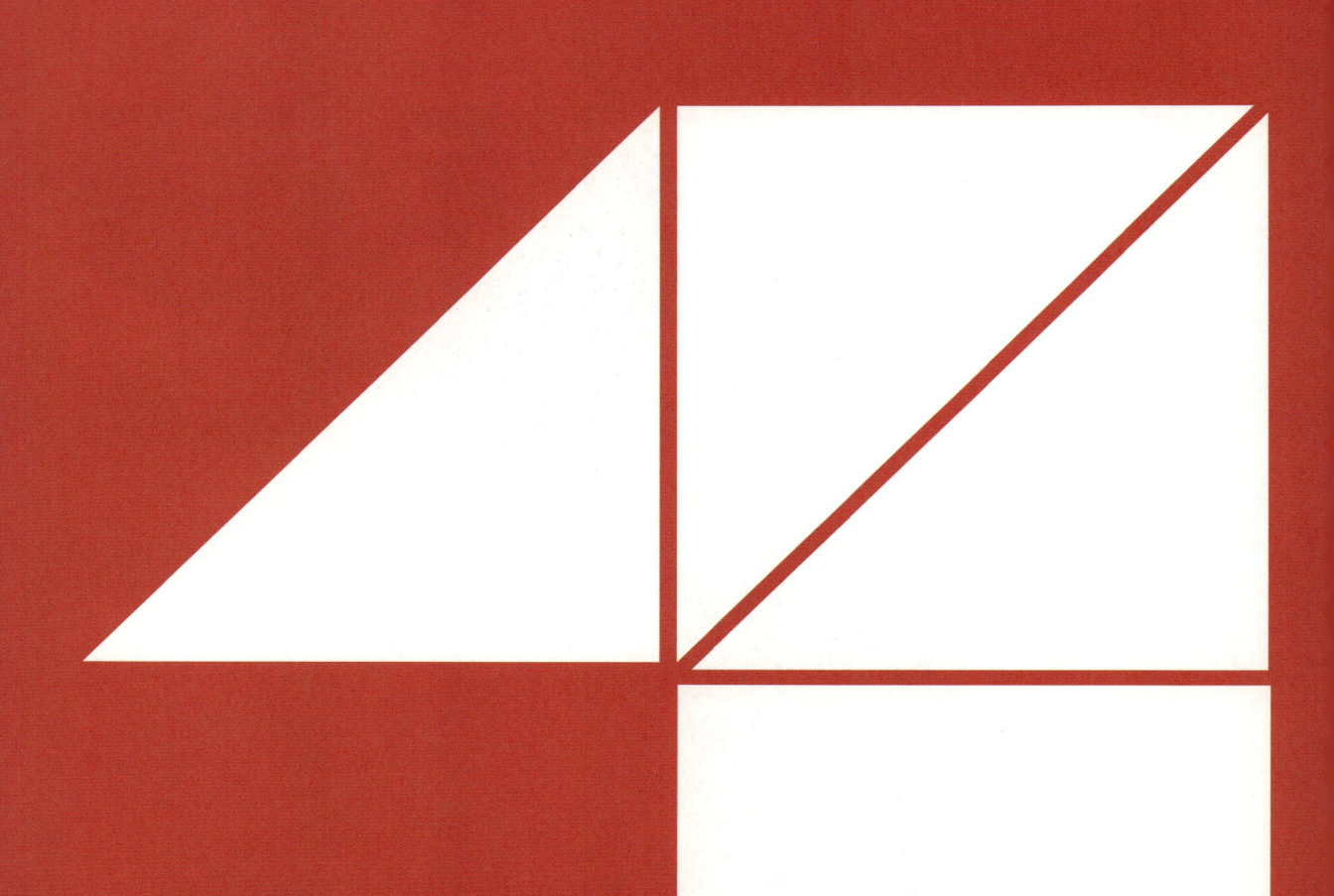

第一章　品牌标识概述　003
　　一、定义与功能　003
　　二、起源与发展　010
　　三、分类与特征　015

第一章 品牌标识概述

一、定义与功能

　　自古以来，人类出于感知自我和传达信息的需求，产生了共同的疑问：我是谁？我为何需要被他人了解？为何他们需要了解我？我如何能找到这些人？因此，人类开始运用符号来表达自己的身份、个性乃至自豪感。从法国拉斯科岩洞中的古老壁画到现代通过卫星发送给地外生命的信号，人类始终在创造着能够触及感知极限的视觉与语言符号，以此来表达自己的价值与存在。今天，我们醒来后即面临大量的信息冲击，无论是打开冰箱还是查阅电子邮件，都被各式各样的符号环绕。品牌正是这样一种特殊的标识，用于区分产品或服务，并帮助它们在竞争中脱颖而出。一个简单的符号能立即唤醒我们的记忆并激发情感反应——无论这个符号是绣在衣物上、雕刻在石头上还是显示在手机屏幕上。（图1-1—图1-3）

　　"品牌"一词来源于英文单词brand或trademark，最早可追溯到挪威古语brandr，意思是烙印、烧烫，是指在牛、马、羊等牲畜身上打上烙印，以区别归属。中世纪手工业者常常在自己的产品上注上标记以表明出处。如今，"品牌"的内涵已经超出了这一范畴。现代意义上的"品牌"体现的是物品或企业赋予的名称和评价，主要目的是在竞争中做到差异化。（图1-4—图1-6）

图1-1：西班牙阿尔玛加洞壁画"奔驰的马车"标识／一万年前西班牙阿尔玛加岩洞壁画上奔驰的马车图中马匹竟然拥有12条腿，将速度感用出人意料的形态表现出来，其中包含了视觉残像的概念

图1-2：赛马俱乐部标识／俄罗斯

图1-3：贺兰山岩画"太阳神"

图1-4：演艺学校标识／美国／巧妙地将theater、film、television的首字母进行效果组合，形成了结合紧密的立体空间

图1-5：设计工作室标识／既像眼睛又像叠加的人形渐变，个性十足

图1-6：爱微笑牙科标识／郭吉松／外形为圆润的房子，内部是微笑的表情，在体现"爱微笑"品牌的同时，也表明了Logo的含义，减少大众对牙科治疗的恐惧感。整体为海蓝色，能给人带来舒适感和安全感

图1-1

图1-2

图1-3

图1-4

图1-5

图1-6

优良的品牌形态可以彰显品牌的核心价值，呈现其象征性和品牌文化的本质以及视觉上的关联，显示品牌对顾客的承诺。品牌就好比速记符号一样，简短但蕴含着某种意义。而标识符号是最简洁、最快速的信息传达方式，标识是就通向品牌的入口。

"标"可以指代非根本的、标准、目标、记号等，具有指示的作用；"识"则可以指辨别、认识、意识或是记号等，具有引导的功能。标识是一种具备识别性的引导手段，可以通过视听感知得到。标识指的是独特的记号或事物的显著特征，它可以用来表达、传播、整合以及通过视觉呈现一个品牌，让人们能够观看它、触摸它、携带它、分辨它。品牌标识通过独特且明确的形状或图形来传达事物的抽象精神内涵，迅速而准确地将这些信息传递给公众。

品牌标识从原始图腾开始，经历了多种文化艺术语境的洗礼，从崇尚几何化极简图形的风潮到多元化、全球化的综合表达，体现了当时社会的需求和变化的必然。它从开始时作为一个品牌名称和商标，逐渐进化为一系列的手段和交流方式，强化着消费者的认知，建构起消费者对品牌方的价值认同。（图1-7—图1-12）

图 1-7：Cubadeportes 有限公司标识 / 古巴 / 体育经营公司的标识虽然抽象但极富动感

图 1-8：Kuopion 教堂 450 周年纪念标识 / 芬兰 / 五条旋转重复的鱼形首尾相接，最终围成圆形

图 1-9：O'Dell 广告标识 / 加拿大 / 首字母和标点的简单组合生成了趣味性的对比效果

图 1-10：保护和支持妇女儿童免受家庭暴力的机构标识 / 加拿大 / 该公益组织标识选择了易为大众接受的人物形象表现形式

图 1-11：森林文化标识 / 郭吉松 / 以树木的外形为基础，进行简化重复，体现森林的繁茂。极简的设计语言更能抓住视觉形成记忆点，绿色的使用带给人清新自然的感觉，呼应主题

图 1-12：猪肉三明治餐厅标识 / 古巴 / 卡通的标识造型更容易吸引年轻的消费群体

图1-7

图1-8

图1-9

图1-10

图1-11

图1-12

现代品牌标识的功能是将复杂的概念或事物的本质特征以简洁的形象表现出来，并通过视觉进行有效的传达。具体体现如下。

（一）信息传达和意义构建

准确的信息识别是品牌标识的最基本功能。品牌标识与企业或组织机构本身无法分开，它是最重要的视觉符号，甚至是企业或组织机构的生命。没有其他形式能够像标识那样将智慧、想象和情感融合到一起。在商品的海洋里，消费者只能根据商品标识区别同类商品的不同品牌和生产厂家，并以此进行比较与选择。好的品牌标识代表着多种含义：一个表达理念的创意、一个战略定位、一套价值观念、一种与众不同的声音。当意义通过某个象征、词语或行动来传达时，它就激发了一个创造过程。其中，意义是品牌标识的基因，是形式和理性的深层的共鸣。意义的提炼则来自对企业本质的洞见，人们理解品牌标识所代表的意义，会加速对品牌的认同。设计师的挑战是吸收和理解海量信息，将它们提炼为最纯净、简洁的形式——一个意味深长的创意设计。意义需要解释、表达和培养，设计师需要清晰地展现品牌标识背后的意义，而企业和机构也必须抓住每个机会来表达这种意义，将其作为创建企业文化和品牌的一个重要途径。（图1-13—图1-17）

图 1-13：企业品牌形象顾问 / 马来西亚 / i'm™ 的设计看似简单，但给人以可靠、亲切和值得信任的感觉，有效地传达出企业的理念

图 1-14：赛车标识 / 意大利 / 文字特征和赛车造型同构，表现自然、轻松

图 1-15：游戏设计师本人标识 / 美国 / 睁大的眼睛、有创意的头脑、一杯咖啡，正是时尚游戏设计师生活状态的写照

图 1-16：酒吧标识 / 陈幼坚 / 中华人民共和国香港特别行政区 / 生动的笔墨文化营造出文字和形象的和谐统一

图 1-17：Kunsthaus Graz 博物馆标识 / 奥地利 / 标识的创意源于人们拇指、食指、中指同时张开的手势以及拉丁字母 K

图1-13

图1-14

图1-15

图1-16

图1-17

品牌标识的特殊性质和作用，决定了它必须具备独特的个性，并且在形式上具有高度的辨识性，体现本身的主要特色，拒绝雷同。权威的品牌标识给人以亲切、可靠、信赖的感觉，对促进传播和销售产生不可估量的作用；如果含义不明，形象模糊，就无法准确传达信息。这是品牌标识可以取得法律保护的主要依据。因此，品牌标识设计最基本的要求就是要区别于已有的品牌标识，尽量避免与各种已经注册、已经使用的品牌标识在名称和图形上相雷同。（图1-18—图1-20）

图 1-18：职业发展中心标识 / 俄罗斯
图 1-19：大学组织标识 / 俄罗斯 / 直和曲、软和硬的对比包含在简洁的造型中，稳定而大气
图 1-20：教育中心标识 /Eduard Cehovin/ 斯洛文尼亚 / 呈现出黑与白、线与面、动与静、强与弱的对比效果
图 1-21：轻角家庭办公一族标识导向系统 /Maeda Yutaka,Mochizuki Kazuhiro

图1-18

图1-19

图1-20

（二）价值创造和信誉保障

在商品交换的过程中，无论是生产者还是经营者，他们都是通过品牌的标识系统来区分、识别同类商品的不同档次的。品牌标识会增加产品的信誉，因为在消费者心目中，品牌标识是企业、品牌的象征物，是代表企业的主要符号。（图1-21）

图1-21

一件商品的品牌标识，对企业来说意味着它对这件商品的质量负有责任，对消费者来说，是对它所代表商品的价值、质量和效能的一种担保，买下这个商品，就等于买下了放心的质量和信誉保证。优秀的企业不断地通过品质卓越的产品、服务满足消费者的需求并展示自己的价值。消费者认牌择物，促使厂家不断提高产品质量，保障自身的品牌地位。（图1-22）

象征符号的精心创造，可以作为整个品牌创建的开拓基础。不论企业规模大小，只要品牌标识被企业视为重要资产，它就具有了价值。企业通过坚守品牌标识的统一标准和高质量的表达而体现出对它价值的珍视。它的价值还因受法律保护而得到进一步保证。尽管品牌标识并不能代表一个品牌的全部，但是在消费者看来，二者几乎是没有区别的。有效的品牌标识能使消费者感知品牌，传达品牌的独特和品质，表现出其竞争力。

图 1-22：Bijenkorf Maastricht 百货商城标识系统 /Merkx+Girod

图1-22

（三）广告宣传和品牌战略

品牌标识通过自己独特的名称、优美的图形、鲜明的色彩来代表企业的信誉，象征特定商品的质量与特色，刺激消费者的购买欲望，并以此树立自身形象。品牌标识代表和传播约定的信息，它不仅能够指示事物存在，而且可以把事物抽象的精神内容以具体可视的图形表达出来。这也就是说品牌标识不仅起到符号的作用，传达明确的信息，还可以给公众留下美好的、独特的印象，起到广告宣传的作用。（图1-23—图1-26）

当消费者面对一个品牌，不论是使用该品牌的产品，还是与服务者交谈，或者是到官方网站购物，这个品牌都必须让人感到熟悉、亲切，满足消费者的期待。这就要求品牌需要建立服务和发展的战略。品牌战略就像是神经中枢，联结整个神经系统。有效的品牌战略还需要提供一个统一的核心理念和价值标准，所有的行为和信息表达都围绕其展开。设计师的目标就是设计一个标识，它可以为企业的成长、变革和成功定位。品牌战略建立在远见的基础之上，与公司的商业战略或机构的发展战略相融合，源自公司的价值观念和机构企业文化，体现着对服务对象各种需要和感知的深刻理解。品牌战略表现了公司的定位、个性、竞争优势和独特的价值观念。优秀的品牌战略个性鲜明、强势有力，在竞争中起着巨大的作用。品牌战略需要引发所有参与者的共鸣，除了让管理层、普通员工、供货商等内部人员产生归属感，还需要得到外部客户、媒体的认同。品牌战略可使销售团队的销量大大增加，并为员工们提供清晰的理念、氛围和激励。（图1-27）

在不断变化的市场中，精准的定位能利用市场循环、消费趋势等方面的变化，为企业创造切入点和突破口。

图1-23：莫斯科文化中心标识 / 模拟剪刀裁切的布纹效果作字母的肌理底纹，营造出充满色彩变化的特殊视觉效果

图1-24：推进器销售标识 / 美国 /Troy M. Litten/ 在同心圆规划下，通过粗细弧线的向心变化，抽象地表达出推进器截面的造型特点，形成强烈的节奏感

图1-25：财务审计和咨询公司标识 / 俄罗斯

图1-26：澳大利亚国家博物馆标识 / 斯帕德切尔斯特 / 有些时候，为品牌标识做减法比做加法更能体现设计师的智慧

图1-27：新濠天地品牌群广告标识 / 中华人民共和国澳门特别行政区

图1-23

图1-24

图1-25

图1-26

图1-27

（四）装饰美化和协调系统

由于品牌标识设计的艺术形式和社会功能的特殊性，它的表现手段、艺术语言和审美观点都不同于一般艺术创作。另外，人的知觉有一定的负荷限度，对环境刺激有选择接受和防御抗拒的功能，因而人们对自己感兴趣的视觉对象会予以接受。如果说油画的艺术语言是色彩，中国画的艺术语言是笔墨，那么品牌标识的最大审美特征就是简洁。形式优美的品牌标识可对产品的装饰美化起到"画龙点睛"的作用。像许多品牌汽车的车身配以精美的品牌标识，不仅宣传了品牌标识，也美化了产品自身，增加了商品的魅力。

标识形象和品牌定位的协调一致是形成品牌资产的基础，通过重复、执着和发生频率而形成品牌资产。一个能够持续使用的有效标识，是品牌方最有力的市场开拓工具。协调一致作为一种品质，就要保证所有的环节在消费者看来都配合得天衣无缝。坚守品牌标识的标准，可以协调一致，而赋予这个品牌以价值的是品牌文化，品牌文化支撑着品牌的系统协调性。

消费者不论是线上浏览还是线下观看，对一个品牌的感受都是相同的。品牌标识的每个呈现都应视为对品牌的一种体验。

建立协调一致的品牌体验，则要强调品牌标识系统在视觉上和结构上的统一，这是内在一致的品牌建构，最终体现在设计师精心设计的色彩、字体家族和视觉系统的构架。（图1-28）

图 1-28：Momica 美术馆标识／一方面合乎自然，一方面合乎理想，这就是美。保持这种协调一致并不需要变得僵硬或受局限

图1-28

二、起源与发展

人类信息传播的发展历史中，创造识别标记符号的行为，可追溯到人类私有和专属意识的觉醒。整个识别设计史呈现了人类如何寻求视觉符号来争夺注意力的丰富的语汇数据库。受社会、经济、文化、科技诸多方面的影响，识别设计从单一品牌标识的设计发展成系统化的表现形式，也从个体识别的考虑演变为形象策略的工具。（图1-29）

（一）符号刻绘的时代

视觉符号的图式形态是先于文字产生的。作为原始记录和传递信息的手段，早期的象形文字是在描摹客观事物以表达抽象概述的原则上产生的，在形式上也更接近于绘画。这种图画形式不断发展、分化，逐渐向几个方向演变：一是抽象性，从具象形态的描画中脱离出来，最终形成以特定的点线组合结构指示一定发音、表示特定意义的文字；二是表现性，随着形式上的风格技巧的发展，形成强调精神情感价值和审美价值的绘画艺术；三是装饰性，运用生活中的装饰图案，遵循形式美的法则，描绘具象或抽象形态；四是符号性，成为独立于文字语言之外的视觉形象语言，是以传达为目的的设计语汇，图形、标识都属于此类，它们遵循的是传播学、符号学的原理，同时兼顾美学需求，利用象征的手法表情达意。从现存的资料上看，人类的先辈在创作这些早期"符号"时，不局限于完全真实再现自然世界的现象，而是将自己的主观愿望融入其中。（图1-30、图1-31）

图1-29：拉斯科餐厅标识/设计借鉴了拉斯科岩洞壁画的原始壁画形式，造型求拙，令人过目不忘

图1-30：内蒙古阴山岩画/古朴生动的造型再现了原始人围猎的场面

图1-31：北美洲印第安人的岩画图形符号/描绘生动，形象简练，可以看作日后标识设计的灵感来源

图1-29

图1-30　　　　图1-31

在那个符号刻绘的时代，各部族群将对自然的敬畏、对神灵的崇拜化为特殊的图形符号，将自然物人化、神化，赋予一种想象的超自然的力量，创造出具有品牌标识作用的图形。突厥、回纥曾以狼为图腾，史书上多次记载他们扛着带有狼的图案的旗帜。我国西安半坡遗址的人面鱼纹彩陶以及龙纹纹饰，都是部落举行宗教祭祀等活动时的图腾标记，同时也是用以区别其他部落的标识符号。从埃及古墓穴出土的文物中，人们也曾发现过带有原始符号的器皿，这些符号都是用硬笔、毛笔书写或是用刻刀刻上去的象形文字符号。

阶级产生后的社会战争频繁，战败者成了俘虏后变成了奴隶并可被买卖，在出卖时，有的奴隶被予以特有的装束或在头上打上特有的标记。我国象形文字记载的"羊头人"指的就是被贩卖的奴隶。这些放置于可被任意宰割和贩卖的奴隶身上的标记，应该说是最早的商标形式之一。正是这些古老符号为以后真正品牌标识的出现奠定了基础。中国有着悠久的历史文化传统，对朴素形象的识别和运用，在朝廷仪礼、衣冠文物、典章制度、家族徽记等方面都有一定的体现。北宋《清明上河图》中所绘的商家标识就被应用于招牌招幌宣传上。中国历史博物馆的一个宋代制针铺的雕刻铜版上刻有"济南刘家功夫针铺"字样，铜版正中是一个抱着针的白兔图案，左右两边写着"认门前白兔儿为记"。这是至今我国发现的最早印刷在包装纸上的品牌标识。（图1-32）我国唐朝时期曾出现一块"太白遗风"的牌子，是根据诗人李白命名而来的，具有一定的商标特点。随着商品的日益增多，当时以商铺和作坊的名称作为商家标识的情形已很常见。（图1-33—图1-35）

图1-32：宋代济南刘家功夫针铺"白兔儿"标识/该标识在内容和形式上符合现代标识的特征，文图对照，形式完整。标识印在包装上，兼有包装和广告的功能。这种命名方式和图形表现方法说明我国在北宋就有了比较完善的标识形式

图1-33：中国古代一种以招幌作为广告的形式。据传唐代酒的名称达50种之多，其中绝大多数以文字形式作标识

图1-34：竹器铺幌子标识/在漫长的封建时代，幌子集标识和广告功能于一体

图1-35：中国的象形文字/第一行从左向右依次为鸟、果、母，第二行从左向右依次为车、水、子

图1-32

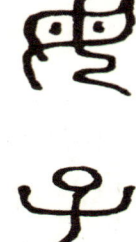

图1-33   图1-34   图1-35

13世纪以来,商用品牌标识在欧洲盛行,主要是用来标明制造者或产品质量。随着商业行会的发展,它又被用作监督行会和区别成员,登记注册后受到法律保护。当时一些有实力的商人,开始使用专用品牌标识,在商贸活动中起到了克服语言障碍、宣扬自己的名称和特征的作用;如果商船在海上失事或遭遇抢劫等事件,人们还可以通过商用品牌标识确认所有权。这种标识虽然并不具备现代商标的效用和性质,但成为欧洲商标图案的基础。(图1-36)

(二)系统设计的发端

漫长的封建时代,由于交通不便,商品流通范围不广,加上民间行会和约规早已在民众中相传,商品雷同情况很少,因此无须政府制定关于商标的法规。清光绪三十年(1904年),我国的第一部正式商标法规诞生了,当时叫作《商标注册试办章程》。该法规充满了半殖民地半封建社会的色彩。18世纪,英、法、荷等帝国主义加紧对殖民地的掠夺,扩充自己的势力范围。至19世纪末期,商标也成了争夺市场的一种工具。经济集团取代了封建领地,当年的家族徽章也随之变成了现在的商业品牌,争夺地盘的战役进化为对消费者注意力的竞争。由于各国的历史文化传统、社会生活和民族特性的不同,使得不同风格、不同特点的商标形成了。(图1-37—图1-41)

根据传统分类方法,欧洲的商标分为两大类。

其一是以德国为代表的北欧体系,受到当时科学技术和工业发展的影响,品牌标识设计倾向于几何直线形,表现出工整匀齐、严谨、严肃的感觉,继承了哥特式的艺

图1-36:天津东亚毛纺厂的"抵羊牌"毛线/五四时期/"羊"与"洋"谐音,以"抵羊"寓意抵制洋货和寸土必争的反抗帝国主义的侵略,此标识形象地反映出五四时期的社会特征

图1-37:永久自行车标识/张雪父/把"永久"两个字和自行车造型进行巧妙结合,是那一时代家喻户晓的标识。

图1-38:商务印书馆标识/从全称中提取出"商""印"两字做变体进行组合

图1-39:北京"同仁堂"药店标识/清初/药店创建于1669年

图1-40:"冠生园"糕点标识/"生"字的变体与糕点的特征相结合

图1-41:"和合牌"火柴标识/该标识是光华火柴公司的产品商标。标识取材于古老的民间故事。标识中有"寒山"与"拾得"二仙,一位拿着荷叶,一位捧着盒子。"荷"与"和"谐音,"盒"与"合"谐音,用"和合"寓意家庭和睦、幸福美满。这种以图形谐音寓意的吉祥图案形式,是一种较具典型性的中国传统视觉艺术形式

图1-36

图1-37

图1-38

图1-39

图1-40

图1-41

术风格。1903年，维也纳出现了工作同盟的识别设计，这是西方早期罕见的系统应用的案例。1908年，德国设计师彼得·贝伦斯（Peter Behrens）为德国电器巨子AEG所做的系统化识别设计，被公认为有史以来至当时最完备也最成功的大型系统设计杰作。它由于能见度高，对同业与设计界的影响巨大。此后的品牌标识设计，在系统设计的推动之下，对20世纪的商业发展起到了带动国际市场竞争的作用。（图1-42—图1-44）

其二是以法国为代表的南欧体系，受到革新思想和文学艺术的影响，其设计风格柔和典雅，倾向于运动多变，在不规则中追求均衡，延续了罗马式和洛可可式的艺术风格。（图1-45、图1-46）

（三）国际风格和后现代主义的盛行

自20世纪50年代开始，现代主义启动了量产时代的美学新形式。这种崇尚简洁、机能性的风潮，结合国际市场的设计表现需求，从瑞士推进全欧洲，再扩及全世界。品牌识别设计在国际风格的影响下日趋严谨。在这一时期，民生建设项目和跨国企业纷纷建立符合时代风格的品牌标识和易于管理的识别系统。1956年，美国IBM公司聘请保罗·兰德（Paul Rand）着手设计新的标识系统。同一时期，保罗·兰德还完成了伦敦地铁的视觉系统设计。各大企业都认识到设计对企业经营的价值，纷纷邀请当时重要的艺术家或设计师为企业设计掌舵，一方面建立完善的识别系统，一方面也据此调整市场的产业。许多有经验的高阶设计研究中心也协助企业和政府机构建立起各自的品牌识别系统，并以网格系统作为设计的基础，成为全球性的识别设计的带动

图1-42：国立包豪斯学院标识／约翰·奥巴赫／该学院成立于1919年，是欧洲现代主义设计集大成的核心。欧洲半个多世纪对现代设计的探索和实验在这个学院得以完善，形成体系，影响至今。该标识是第一个包豪斯品牌标识

图1-43：国立包豪斯学院标识／奥斯卡·施莱莫／该标识是第二个包豪斯品牌标识，也是最后确定使用的标识

图1-44：德国电器公司标识／贝伦斯／此标识及其应用是世界最早的企业形象系统设计之一，奠定了企业形象设计的基础

图1-45：奇斯维克出版社标识／沃尔特·克莱因／受"工艺美术"风格和维多利亚风格影响的作品

图1-46：印刷书籍出版标识／德国

图1-47：IBM公司标识／这个设计最不寻常之处就是字母B反方向延伸出的方块和字母M中的衬线，共同营造出标识结构的统一感

图1-42

图1-43

图1-44

图1-45

图1-46

图1-47

者。（图1-47）

　　20世纪80年代，随着个性化市场的涌现、新媒体的开发、在地文化意识的觉醒，品牌的形象设计也从简洁严谨、视装饰为罪恶的现代主义形式，接收着更多的形式挑战。虽然国际风格的识别形式在跨国企业、大型机构仍随处可见，但更多的小型企业希望拥有一套独树一帜的识别形象来扩大市场。设计师们开始普遍思考利用在地的文化符码来取代严肃的国际主义形式。随着社会经济的发展，我国国内的大型企业和机构也纷纷建立有利于自身发展的品牌战略和形象识别系统。1982年，我国正式颁布了《中华人民共和国商标法》（以下简称《商标法》），为本土品牌发展奠定了一条健康发展的道路。

（四）数字时代的崛起

　　计算机的普及和互联网的发展改变了人际沟通的方式，也改变了企业传播的形式路径。20世纪末期，电子商务一夜之间成为市场宠儿，网络数字化也逐渐成为企业形象的重要出口管道，渗透到产品服务、信息渠道，甚至品牌识别系统的设计中。2000年，德国汉诺威世界博览会的视觉识别品牌标识的动态虚拟版，为品牌标识设计的发展掀起了新的高潮，被称为"会呼吸的品牌标识"。设计师设计了永恒变化和极具动感的流动形态，色彩跟随变化的形态也一直处于运动中，从中随意挑出每一帧都能够单独作为静态品牌标识存在，多样化的形式与色彩相配合展示了

图 1-48：德国汉诺威世博会动态化标识

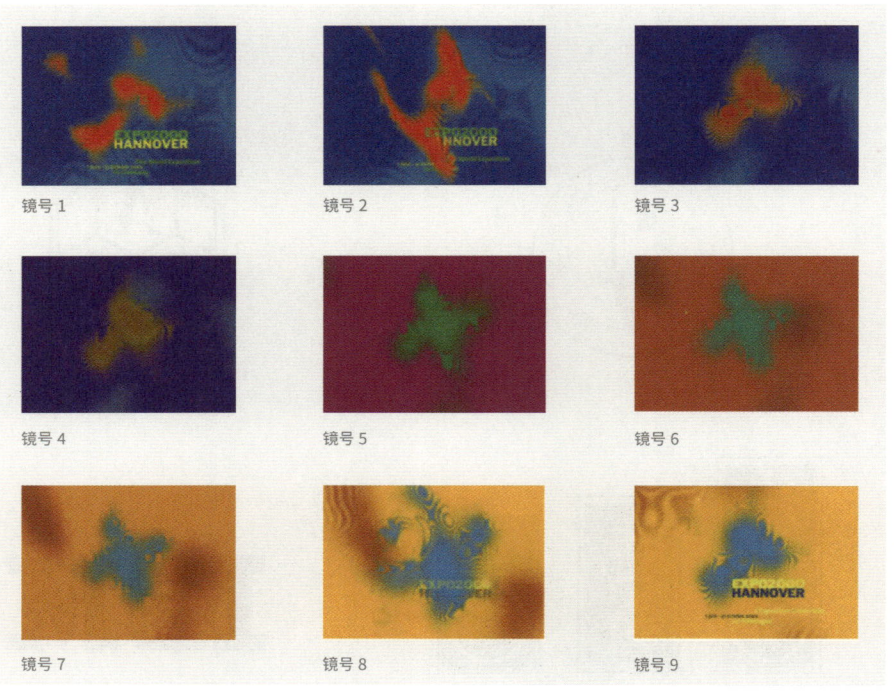

镜号1　　　　镜号2　　　　镜号3

镜号4　　　　镜号5　　　　镜号6

镜号7　　　　镜号8　　　　镜号9

图1-48

世博会的精神内涵。（图1-48）

　　品牌标识的发展受人类社会经济、文化、科技等全方位的影响，伴随着整个社会前进，与科学技术、哲学、艺术等交织在一起，互为启发。纸张的发明、印刷术的普及曾使品牌标识的应用途径大大扩展，近代艺术思潮又给品牌标识创作带来巨大冲击，现代电脑技术在设计中的广泛应用则使品牌标识创作的手法更趋灵活，伴随人工智能技术的发展，品牌设计也进入了新一轮的数字化阶段。

三、分类与特征

（一）分类

品牌标识有以下几种分类。

1. 政党、政府、组织机构和个人品牌标识

　　政党、政府、组织机构和个人品牌标识最初是由徽章演变而来的，是用于各种社会团体、组织机构和个人的专门化、社会化品牌标识，代表着政党、政府、组织机构、个人等形象，以及会议、演出、展览、运动会等公众活动。（图1-49—图

图1-49：中华人民共和国香港特别行政区区徽

图1-50：PBS公共广播服务标识／美国／这款标识的成功之处在于简洁风格和正负图形互显

图1-51：建筑工程规划服务标识／克罗地亚／在辣椒和文字的强对比关系中，辣椒柄起到了视觉衔接的调和作用

图1-52：香港国际机场标识／中华人民共和国香港特别行政区／几何形态的渐变，灵感来自机场本身的建筑造型

图1-53：儿童募捐马拉松活动标识／"五角星"设计公司／社会公益组织标识，将怀抱婴儿的母亲形象用曲线简单而明确地勾勒出来

图1-54：匈牙利作家影院标识／匈牙利／辉煌舞台上拉开的幕角预示着精彩演出的开始

图1-55：博物馆标识／克罗地亚

图1-56：图形设计工作室标识／伊朗／飘逸的线形变化给人清新、时尚的视觉感受，强调了设计工作室独特的设计观

图1-49

图1-50

图1-51

图1-52

图1-53

图1-54

图1-55

图1-56

1-56)

2. 商标

商标是企业为了区别商品的不同制造商、同种产品的不同类型、牌号以及为了某种贸易、商业、交通和服务等行业活动而制作的品牌标识。商标具有说明企业品质、信用、规模等性质与机能的作用，除了具备与其他公司进行区分的一般功能外，还可提高公司与商品的知名度，增加对其产品或服务的信赖感。商标可进一步划分为企业标识（如"华为""格力"）、产品标识（如比亚迪公司生产的"唐""宋"等汽车，均有不同的车型标识）、金融商务行业标识（如"中国银行"）。商标更深层的意义是：首先，它代表着一种权益——由《商标法》保护的权益是商标拥有者的一种知识产权，别人不得伪造、仿冒，具有法律上的专有性，因此商标可作为有价财产登入企业的账户。如"可口可乐"商标，在其公司的账户上标价超过百亿。其次，商标代表着商品及制造商的质量、信誉及人们的使用印象。最后，商标代表着制造商的形象和企业精神。因此，现在许多厂家和企业都把企业标识与产品标识统一起来，使之成为一个完整的企业形象品牌标识，用于企业所涉及的各类场

图1-57：眼镜店标识／意大利／正负形是标识设计中饶有趣味的创意形式，手形和眼睛互相借用、互相依存传达出更多的视觉信息，将品牌符号特有的意境生动形象地表现出来

图1-58：瓷瓦标识／美国／运用了传统的椭圆徽标形式和图画现代主义常用的产品直接表现法

图1-59：婚庆公司标识／张昱／传统图形的运用往往强调了企业理念中的民族风格和地域特色，高举喜饼的童子烘托出喜庆的气氛

图1-60：餐具标识／陈幼坚／用五色线条的方向变化形成雅致、现代的餐具品牌形象

图1-61：运动服装店标识／"五角星"设计公司

图1-57

图1-58

图1-59

图1-60

图1-61

合来树立良好的企业形象。（图1-57—图1-61）

3. 公共标识

公共标识是用于公共场所的识别符号。如交通标识，它是交通规则的形象化，是有形的法规；再如部门标识，它是部门特征的形象化，在公共场所充当无声的向导。同类标识还有很多，如质量标识、安全标识、运动标识、操作标识、储运标识、等级标识等。公共标识应当是能被绝大多数人识别、理解的符号图形，它应具有超越语言、超越地区、超越国界的通用性。公共标识设计的主要要求是易认、易懂、易记。（图1-62）

（二）特征

品牌标识是品牌的核心视觉要素，是品牌核心价值或理念的高度视觉提炼。品牌标识与品牌名称、品牌口号，被称为"品牌的三要素"，各有不同功能与特性。概括来说，品牌标识具有五大特性。

1. 概括简练

品牌标识的主要功能是宣传产品，传达信息。人的视觉与对象接触往往是瞬间的，对形象的认识能力受到时间和速度的限制，因此要求商标的识别性要强，要像信号一般鲜明强烈，使人一目了然。品牌标识的信息传递有多种内容和形式。其内容信息有精神的，也有物质的；有企业的，也有产品的。其信息成分有单纯的，也有复杂的。一般而言，品牌标识信息的处理和调节，应追求以简练的造型语言表达出内涵丰富，并且容易被观者理解的兼容性信息为最佳，在简洁中寻求丰富，在单纯中发现变

图1-62：第26届奥林匹克运动会运动标识 / 马尔科姆·格莱尔设计公司 / 第26届奥运会于1996年在亚特兰大举行，设计团队将"和谐、光辉和优美"作为亚特兰大奥运会要传达的基本理念。设计团队被委托设计多项赛事的象形图案，阿西娜双耳细颈椭圆罐上那些黑色人形剪影，启发了设计师。马尔科姆·格莱尔想让这些象形图案作为不用文字指示的标识来使用，在电视上和体育馆内都能如此。这些身体语言不仅要适用于各项赛事，而且每个图案都要与男女运动员从事这项运动的身姿相吻合。在这些身姿图案被批准之后，设计团队将这些草图统一为简洁的形式，以便于缩放和复制

图1-63：城铁站公共标识 / 中华人民共和国澳门特别行政区

图1-62

图1-63

化，在复杂中追求单纯，在丰富中寻找简洁。（图1-63）

2. 美观独特

品牌标识设计题材丰富，表现形式多种多样，可以说"方寸天地，大有作为"。品牌标识造型的优劣与图形样式的好坏，不仅决定了品牌标识传达企业信息的效力，还影响到消费者对产品品质的信心和对企业形象的认同。艺术性强的品牌标识，一般具有定位准确，构思不落俗套，造型新颖、大方，节奏清晰、明快，统一中有变化，富有装饰性等特点。品牌标识的设计必须做到独特别致，简明突出，创造与众不同的视觉感受，给人留下深刻印象。在图像泛滥的时代，一个新的图像与符号的出现，等待着匆匆的过客瞥上几眼，而呆板与无趣只能让人视而不见，这是对设计师的挑战。（图1-64）

3. 表意准确

我们生活在一个被各种品牌狂轰滥炸的时代，它们出现在我们个人空间和工作空间的各个方面，不仅同类产品中的品牌在不断相互竞争，而且在某种意义上，所有的品牌都在争夺我们的注意力、忠诚度和金钱。当一位设计师为一个品牌设计标识时，其责任就是要在瞬间传达出符号的意义所指。品牌标识设计要注重准确的意念表达，通过视觉表现，深挖事物的象征意义。视觉形象的创造是以满足消费者的心理需求为前提的，它必须有可视性和可读性。设计师研究、了解、掌握消费者的心理需求，通过无声的形象将其表现出来，并倾诉于他们的视觉和心理之中，以达到设计的目的。语言与图像是人类掌握的两种表意符号系统。语言具有明晰、具体的特点，企业理念通过逻辑思维以语言形式存在，而图像则具有抽象、多义的特点。一种图案、色彩、字体或其组合，只能对企业理念做方向性的暗示，而不可能

图 1-64：EDB 标识 / 当一位设计师为一个品牌设计标识时，其责任就是要创造出一个独特的象征，具有在瞬间传达出符号信息的功能

图1-64

呈现逐字逐句的说明。

4. 适于传播

从品牌标识的识别角度来讲，品牌标识要适用于应用场景中的放大或缩小，通用于在不同背景和环境中的展示，通用于在不同媒体和变化中的效果。从品牌标识在复制和媒体宣传的角度讲，品牌标识不仅要能适应印刷，还需能适应不同材料载体的复制。如使品牌标识适应于金属材料的刻、塑、铸、锻等复制工艺，适应于霓虹灯等复制工艺，适应于快节奏的数字影像复制展示等。品牌标识还要针对印刷方式、施工技术、品质材料、应用项目的不同，具备各种对应性与延展性的变体设计，以适合不同的效果与表现。（图1-65、图1-66）

5. 体现时代

品牌标识既是企业信誉和产品质量的保证，又是识别和购买商品的依据。这种信誉是企业几年、几十年，甚至上百年才培植出来的。形象作为企业的无形资产，不能轻易改变，必须保持品牌标识的持久性。企业应避免使用流行一时的字体和图案，因为时尚很快就可能过时。面对瞬息万变的时代和快速发展的商业活动，流行时尚的导向又要求品牌标识必须适应时代：一种方式是抛弃旧品牌标识，对陈旧过时、日益僵化的视觉符号重新进行设计，但新设计在经济上可能要付出较大代价，需要通过广告媒介反复宣传，才能重树形象；另一种方式是对原来享有信誉的品牌标识在已有基础上通过渐变手法，重新做出改进，逐步改造和完善设计，既保留原有品牌标识的题材、形式、精神特质或部分形象，兼顾消费者对企业、品牌的认同感和信赖感，又能跟上时代步伐，使品牌标识更完美，更易于识别，让人们在不知不觉中接受新的品牌标识。

图 1-65：Haketa Riverrain 公共标识 / Fukuota

图 1-66：金属材料的铸锻工艺用于品牌标识制作

图1-65

图1-66

第二章　品牌标识表现形式　021
　　　　一、文字表现　021
　　　　二、具象表现　028
　　　　三、抽象表现　031
　　　　四、图文综合表现　032
　　　　五、动态表现　034
　　六、多形态表现　045
　　七、色彩表现　049

第二章 品牌标识表现形式

人们为了传播信息而创造符号，品牌标识具有符号化的特点。品牌标识设计通常使用图形、文字、色彩等形式要素，最终完成视觉传达的任务。品牌标识设计的表现形式可分类如下。

一、文字表现

文字是人类思想感情交流的必然产物，它具有人类思想感情的抽象意义与韵调节律，结构完整，章法规范，变化无穷。品牌标识的文字表现是对文字按视觉设计规律加以整体精心的安排，运用装饰手法美化文字的一种表现形式。

文字标识的特点是同时具有语言特征和造型形式。文字本身是有意义的符号，以文字作为形象表现的品牌标识，容易形成一形多义的表达，在视觉上向消费者展现富于表现力的独特字体组合，同时兼具解释商品内容的作用。（图2-1—图2-5）

经科学检测，人的阅读速度通常是每秒4—6个字，为了提高人们阅读文字信息的速度，加深记忆，文字表达就必须精练、易认、易读、易记。同时，文字标识设计必须符合人们的认读习惯，不能随便改变笔画的基本结构，以达到识读性和视觉传达的最佳效果。由于文字本身已具备了图案美，设计师只要在文字的笔画、结构上加以美化、装饰、变形、夸张，就能创造出形式感强烈、个性鲜明的品牌标识。文字表现形式通常分为汉字标识、拉丁字母标识和数字标识。

图 2-1：T-Shirts 公司标识 / 墨西哥 / 原标识由两件 T 恤构成，有 M 的误导，新标识进行了更正，强化了 T 字形，突出了产品的形象特征，简洁、明了

图 2-2：dining ronm one 标识 / 字母 D 中巧妙地融入了数字"1"，独具匠心地表达主题内容

图 2-3：师范大学标识方案 / 崔生国 / 标识主体造型由多本书排列构成，以示教书育人，同时标识的虚形构成汉字"师"的形态，含义深远

图 2-4：茶馆标识 / 陈幼坚 / 中华人民共和国香港特别行政区 / "茶"字融入中国茶杯的形态中，一缕茶香徐徐飘动，动静宜人

图 2-5：营销公司标识 / 标识重点强调了笔画间的自然连接，同时又具备了一笔完成的组合文字特点，巧妙而自然

图2-1

图2-2

图2-3

图2-4

图2-5

（一）汉字标识

汉字具有悠久的历史，在古代的文献中就有"结绳而治""刻木为契""仓颉作书"等关于文字起源的记载，之后历经陶符、甲骨文、大篆、小篆、隶书、楷书、行书、草书的变化，呈现出丰富的书写面貌。因功能、目的和要求的不同，汉字产生了不同的艺术分流。首先是因为汉字由书写而形成，不同时代、不同主流字体在书写时，产生了书写的艺术——书法；又因书写内容的传播需求，产生了不同于书法艺术的信息化文字——印刷字体；再由汉字书写的装饰美化这一特征，逐渐形成了另一独立的艺术门类——汉字图形。

汉字来源于对自然界的模仿，有着与生俱来的形象特质。史前刻绘符号是文字装饰美化的原始萌芽，对装饰文字的产生、汉字的发展有着重要的启蒙作用。汉字从产生到发展已深深地打上了象形和装饰的烙印。汉字作为中国人表达思想的符号，其构成方式和形式美感在世界文字体系中独树一帜。汉字在形体上逐渐由图形变为笔画，由象形变为象征，被认为是表意文字的典范。单个汉字的信息量、意义的丰富性和明确性方面显然超过了表音的拉丁字母。汉字标识的特点是以笔画的繁简、浓淡、粗细，整体的韵律感来达成整体的字体形象。象形文字以及楷、篆、隶、行、草书，无不是我们进行创意设计的源泉。（图2-6—图2-9）

古人把汉字的造字方法归纳为六种，总称"六书"，即所谓"象形、指事、会意、形声、转注、假借"。象形字是指模仿自然物形，以简单的笔画书写而成的

图2-6：香海西岸社区标识／中国书法字体韵味悠长，抒人胸臆，设计师再辅以海岸扁舟的中国图式，有效表达了"中国味的亲善社区"这一主题立意

图2-7：花样年华标识／图文综合标识，图形和文字互为补益，体现个性并寻求共性

图2-8：百度装饰标识／方伟军／运用传统木匠形象作为装饰公司的标识主体，古为今用，暗喻在深厚的文化中寻求设计之道

图2-9：华人信息中心标识／加拿大／篆书书写，扇面结构，红色、拓印等手法和表现效果的运用无不依托于悠久的传统文化，中国味十足

图2-6

图2-7

图2-8

图2-9

字，如"☉""☽""⛰""✋"等。会意字是指利用不同字的意义组合成一个新的文字，如"人""言"为"信"，"日""月"为"明"，二"木"成"林"，三"木"成"森"等。形声字是指形与声结合构成的文字，如"闷"字为"门"之声与"心"之形组合而成，"河"字为"水"之形与"可"之声合而为之。因此我们可根据设计的需要，将要表达的意义与文字中具有图形性的偏旁部首相结合，在保持文字原有的基本概念的基础上，使之产生特定的、新的含义。

汉字标识是利用汉字的基本笔画通过添加、变形、取舍、连接等多种装饰手法形成的图形艺术，它强调汉字的象征寓意和装饰美感，既合乎汉字的间架结构，顺应汉字基本笔画，又强调汉字的想象性、象形性，可识可读，内涵丰富，手法多变。汉字标识切忌形成字谜或智力游戏，组织形式不能牵强附会，以免破坏了汉字本身的美感。

1. 汉字单体标识

汉字单体标识主要是指通过提炼出对象名词中最具代表性的单个汉字而进行的设计。汉字本身的笔画组合构成犹如中式建筑中的横梁、立柱、飞檐、斗拱，相互穿插，相互牵扯、平衡和谐，形成一个完整统一的有机体。一般情况下，结构越单纯的汉字越适合进行汉字的单体标识设计。（图2-10—图2-14）

图2-10：Chen Hudong 设计工作室标识 /Tan Jingli/ 该标识是以汉字"陈"作为设计主体，利用线性空间的设计语言表现客户的专业精神

图2-11：茗城茶业标识 /Lin Heshui、Hu Zejun/ 汉字结构系统有规律，像一组"严密的方程式"，每个笔画都是一幅由线条构成的不规则的图画。该标识对"茶"字的分解体现了汉字的上述特征。汉字是一种表意文字，所以它的形成本身就蕴含着意义，汉字在发展过程始终和意义纠结在一起。根据汉字本身的意义进行形式设计，是汉字品牌标识设计常用的思维方式

图2-12：2008年北京奥运会标识 / 利用汉字"京"的笔画通过变形、取舍、连接等多种装饰手法形成舞动的人形

图2-13：宏ига品牌形象设计客户服务标识 /金宏星/ 标识主体是宋体字的笔画结构

图2-14：化妆品标识 / 日本 / 东西方文字与标点并置在一起，使文字作为信息载体更具时代感，进而强调了品牌的特征和诉求

图2-10

图2-11

图2-12

图2-13

图2-14

2. 汉字组合标识

汉字组合标识主要是指以有主题的汉字全称或简称为元素的组合表达。此类组合讲究气韵的连贯，每个汉字的笔画和结字外形都有不同，组合在一起自有韵味。设计中笔画的穿插，高低的错落，粗细笔画的对比，点、横、撇、捺的收放，都会将汉字的精神融入形态之间。（图2-15—图2-20）

（二）拉丁字母标识

随着人类文明的发展，文字也根据不同的民族和文化特性，形成了各自独立的体系和风格。文字分为两大体系，即代表东方的汉字体系和代表西方的拉丁字母体系。拉丁字母具有几何化的造型特征，英文26个字母中的每个字母均可单独设计成品牌标识。实际上，拉丁字母已经成为国际性的文字符号，许多标识设计师愿意以此作为构思基础，众多品牌标识也大量地运用拉丁字母。拉丁字母具有很强的识别性和组合性。随着现代设计的发展，拉丁字母的字体设计也有了各种形态和意味上的突破，淡雅、夸张、传统、后现代……不同的设计风格和设计手法，把拉丁字母诠释得更为多姿多彩。

图 2-15：修士敦咖啡馆标识 / 史进 / 设计形象性和装饰性的美术字，变化要自然适度，避免过分夸张

图 2-16：云南香格里拉酒业公司标识 / 王粤飞 / 用藏文字的笔画特征塑造主体汉字名称，尽显藏韵风情

图 2-17：天天向上设计事务所标识 / 洪卫 / 手写的"天天向上"字样形成了憨厚的笑脸，拙中带巧，趣味十足

图 2-18：医生协会标识 / 日本 / 汉字"三"和"田"的共性被合理地运用，同时"田"字和红"十"字的特征也被发掘了出来

图 2-19：关山月美术馆标识 / 李科 / "山""月"二字笔画共用，浑然一体。

图 2-20：稻香村标识 / 黄智河 / 书法讲究气韵的连贯，不同的汉字组合产生了不同的美感，如同流水行云，同时更强调笔画的粗细布局和笔墨偶成的意趣

图2-15

图2-16

图2-17

图2-18

图2-19

图2-20

1. 单一字母标识

单一字母标识主要是指选用对象名称中的首写字母或对象名称中的两个主要字母去展开设计，设计时要采用有效的手法，联系主题意义制造出与众不同的视觉效果。（图2-21）

单一字母表现的切入点：

（1）利用字母本体的空间进行变化造型；

（2）在字母基础上附加简单造型（形象为辅）；（图2-22、图2-23）

（3）以字母的轮廓为骨骼，进行形象化处理；

（4）利用字的笔画变化（方向、曲直、装饰）等强化字体特征。

2. 字母组合标识

文字的组合通常有更深的含义，与独立的文字和字母相比更具有欣赏性。组合文字注重的是整体效果，通常以字体的形象或者字体本身来展示所隐含的意思。（图2-24、图2-25）

组合文字品牌标识的创意的常见表现手法：

（1）通过对文字进行拉伸、倾斜、旋转、扭曲等变化；

（2）对文字的笔画粗细、长短、方向、特殊效果进行处理，形成独特的视觉效果；

图 2-21：韩国《中央日报》标识 / 无限设计公司 /《中央日报》是韩国的主流日报之一。它的标识由无限设计公司设计，突出 J 这个字母，其形状如放在圆圈中的一只耳朵。它的广告语"我们要做公众的眼睛和耳朵"由这个代表着地球的圆圈而得到了加强

图 2-22：电视剧《天使在美国》标识 / 密尔顿·格拉瑟 / 象征天使的翅膀置换了字母 A 的笔画，用两个意象的组合去体现主题

图 2-23：乔伊·卡茨设计公司 / 乔伊·卡茨设计 / 将花脸猫的造型融入字母 K 中，拓展出新的表意造型

图 2-24：河南铁路投资标识 / 周韧 / 采用了企业英文首字缩写的组合设计，最后一个字母 C 的负形为一个铜钱图形，体现了企业的金融特点，有画龙点睛的识别作用

图 2-25：杂货店标识 / 日本 / 运用丰富的想象力强化点的变化，随意而不失活泼

图2-21

图2-22

图2-23

图2-24

图2-25

（3）通过对文字颜色的明度、色相、纯度进行调节，形成对比、渐变、渗透、叠加等色彩效果；

（4）通过特定的设计效果，如描边、肌理、发光、立体、浮雕等进行表现；

（5）与装饰图案、图形相结合；

（6）手绘形式的应用，可以形成自己独特的视觉效果，避免雷同；

（7）利用连接、重叠、添加、共享笔画或省略某些笔画等手段达到强化特点；

（8）利用字头、字脚的变化加以装饰；

（9）寻求构造上类似的字母或文字在笔画、斜度、弧度、空白、分割上的统一变化；

（10）寻求共享笔画及笔画相连、交错、重叠等形式的可能性。（图2-26—图2-28）

（三）数字标识

数字标识的设计对象是以数字作为主要信息的名称或活动，如"第五街""第八届全运会"，这时的数字表现非常必要，是标识最关键的信息之一。也有用数字表现相关意义的题材，如3M、九歌等企业本身就以数字为名的品牌标识。数字标识一般可分为阿拉伯数字标识、罗马数字标识。

以数字为品牌标识有几个特点。一是独特性。目前使用数字作为品牌标识的情况并不普遍。二是记忆的深刻性。在现代社会里，人们普遍对数字有一种天生的敏感性。三是造型的新颖性。与文字等形态相比，数字标识显得极为简洁，便于识别，便于形态的变化。一些经过改造后的数字造型是极具魅力和富有现代感的。（图2-29—图2-33）

图2-26：Barunson 公司标识 / 韩国 / 字母组合过程中笔画讲求相连、交错以及色彩和形状的变化

图2-27："维也纳莫扎特之家"标识 / 庄重的字母 V 和灵动的字母 M 穿插萦绕，营造出交响乐般的节奏

图2-28：Elektra 娱乐标识 / 大写字母 E 和小写字母 e 的形态并置，产生了圆与方、刚与柔、动与静的对比

图2-29：十日节活动标识 /Jim Wong

图2-30：360 电台 / 奥普托设计 / 反向的数字"360"置于圆形的图底中，产生了新的视觉感受

图2-31：28℃标识 / 把数字"8"和熊的嘴形趣味结合，较易给人留下深刻的记忆

图2-32：第 9 频道标识 / 数字"9"和电视荧屏合理组合，轻松表意

图2-33：某高校 70 周年校庆标识方案 / 张余栎

图2-26

图2-27

图2-28

图2-29

图2-30

图2-31

图2-32

图2-33

以下为字体标识设计几种形式。

❶文字的变形：文字变形是为了使文字彰显个性。根据文字识别性的要求程度，变形可以是根本性的，也可以是很微妙的。常见的变形方法有：放大缩小、压扁或拉长、倾斜或翻转、重叠、平行反向、扭曲、添加边缘效果、文字嵌入、加减法、围合适形等。（图2-34）

❷手写文字：手写字体用现在的眼光来看是将字体进行个性化的演绎，充满了自由和灵性，具有不可模仿的随意性和独特的视觉优势。（图2-35）

书法字作为一种书写艺术，尽管它也有自己的结构形式，但是比起其他字体，更加地灵活、轻松。中国的书体，通常所说的有"正草隶篆"四体，但由于工具特殊，各代书家作书运笔神妙，出现许多不同的变化字体，成为多种特殊的艺术造型。

❸意境组合：字体的意境组合就是指对汉字进行形象和意象化的设计。自象形文字产生以来，人们习惯于模仿具体的自然形态加以概括提炼，在保证识别的基础上使文字的笔画或其局部转化为图形，形象与字体巧妙融合，相辅相成。（图2-36、图2-37）

意象较形象而言是一个相对抽象的概念，是指事物内在本质在一定条件下的表现形式，包括有形和情态两个方面。意象不是一个静止的概念，而是观察者、观察对象和环境双向作用的结果。

图 2-34：阿联酋电信 etisalat And 标识 /Wiedemann Lampe
图 2-35：关三勺动态标识 / 合众合
图 2-36：Osaka Metro 大阪地铁标识 / 色部义昭、松田纱代子、后藤健人
图 2-37：PAGKA DAKGA 标识

图2-34

图2-35

图2-36

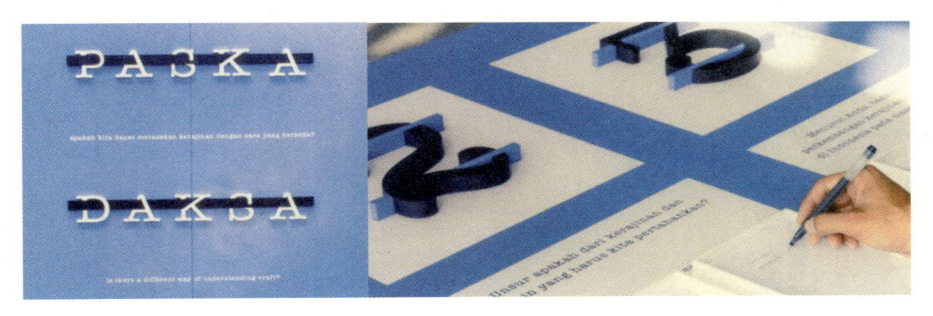

图2-37

二、具象表现

　　图形比文字更易解、易认，也易于被人们接受，因此形象化构成的品牌标识占了品牌标识的大多数。图形的实质是一种视觉符号。所谓符号，是指根据既定的社会习惯，可被看作代表其他事物的任何存在物，如交通指示灯中的红灯代表停止，V字的手势代表胜利。自然界的万物本身具有美的特质，我们将自然形态中的动物、植物、环境甚至人物的造型，通过夸张、变形、简化等手法，得到具有艺术美的形象。在这个提炼的过程中，我们夸张美的部分，省略不美的部分，既不丢弃自然形态的"形"，也不丢弃自然形态的"神"。从某种意义上讲，具象形象比抽象形象更容易激起美感。

　　具象表现是对客观物象经过概括与提炼形成具象图形的一种表现形式，它忠实于客观物象的自然形态，具有鲜明的形象特征，是对现实对象的浓缩与精炼、概括与简化。品牌标识设计不可能像绘画那样强求形似，而是以图形化的方式进行组织处理。具象的品牌标识具有图形的通俗性与高度清晰的识别性，容易以清新、明快的视觉形象传达品牌标识的精髓而为广大的人民群众所接受。在品牌标识设计中，具象的表现形式还包括了绘写性的插图、摄影等形式，素材广泛而灵活，形式上也很生动，富于情趣。

　　在传达领域，图形并不是唯一的语言，它之所以产生并一直存在、发展到今天，是因为它具有其他语言所不具备的优势。具象表现品牌标识的特点具体可以分为以下几个方面。

（一）更具吸引力

　　由于图形是一种直观、生动的语言，造型手段丰富，相对于以抽象线性为主的文字，图形对受众更具有吸引力。也正是由于图形是通过具象形态的象征意义来完成信息传达，受众在阅读时要借助自身认知的经验去理解图形，这种深层次的体验介入有助于加深印象。（图2-38—图2-40）

图2-38：美国政治团体标识 / 饼干代替了驴子的眼睛，形象诙谐且容易识别

图2-39：广告策划公司标识 / 日本 / 标识图形不是再现，而是经过深思熟虑后的巧妙构思，用纯真年代的学生形象和夸张的铅笔形象表现了广告策划公司的气质特征

图2-40：美国全国广播公司标识 / 切尔梅耶夫和盖斯玛尔设计公司 / 开屏孔雀形象被如此概括且准确地表现出来，几何形的重复和正负形的运用也恰到好处

图2-38　　　　图2-39　　　　图2-40

（二）更具感染力

具象表现上可以充满艺术气质，表现的余地和空间非常广阔，通过塑造形象、营造氛围等手段建立起与受众间的情感桥梁，使信息的传达在情感上引起共鸣，真正触动受众，从而增加信息传递的有效性。（图2-41—图2-43）

（三）易识别、易记忆

好的图形都是有个性的具象形态，不同的图形视觉形式差异明显，而任何语言不同的文字从整体结构上看是相似的，这就使图形具有更好的识别性。各民族大都有自己的文字，但人们对文字的阅读必须建立在受过一定教育的基础上，这使得用文字传播信息受到了一定的限制。而图形可以跨越这种语言障碍，在更广泛的人群中发挥作用。（图2-44—图2-46）

当然，图形也不是万能的，语言文字在传播信息的过程中往往可以更准确，通常不会产生歧义，而图形如果选择的象征符号不恰当则可能导致含糊不清甚至错误的理解，这就需要设计师用心地去创作。具象品牌标识设计强调概括，概括是比较复杂和高级的变化形式，综合程度很高。概括的特征是夸张特征部位，保留必需的，去除细枝末节，使形象达到内容深刻而表现形式简单。

图 2-41：BEEFEATER 标识 / 表现传统人物形象成为品牌的形象识别符号主体

图 2-42：BAIPA 标识 / 用概括、简练的造型表达错位叠放的书籍

图 2-43：加利福尼亚餐饮教育基金会标识 / 该标识把代表餐饮的刀叉和代表教育的铅笔并列展示，造型概括得当，象征意义明显

图 2-44：RENO 标识 / 对想象中的形象进行装饰概括，加入红色，打破单调

图 2-45：Ieatterikorkeakoulu 标识 / 芬兰 / 具象化标识取材灵活而广泛，易于体现个性，但应避免过于烦琐

图 2-46：好品山东 / 姚旭鹏、郭吉松 / 图形正形部分为"山"字，三个大的方形叠加组合构成"品"字，下部分为流动的黄河，气势如虹，在山东境内汇入大海。标识内部负形部分为山的大写字母 S，充分体现"好品山东"的多元交融。标识的橙红渐变色取自初升的太阳，象征着"好品山东"如旭日东升、朝气蓬勃。标识基于山东特色文化艺术的历史美感，整体刚正不阿、简单大气

图2-41

图2-42

图2-43

图2-44

图2-45

图2-46

具象形态标识可从表现性上做如下分类。

❶表象性标识：以明显的感性形象直接表明品牌的形象，如食品店直接以食品作为品牌标识元素，篮球联赛直接以运动员为品牌标识元素。（图2-47）

❷象征性标识：外界事物与人的内心世界是相互契合的，每件外在事物都可挖掘出潜藏的象征意义。品牌标识的象征性是指通过视觉圆形符号唤起人们对品牌抽象意义、价值观念或内在情绪的理解和记忆。其含义和信息来自设计师对企业各方面，包括经营理念、规模历史、产品性能、销售对象、用途价格、生产工艺的深刻了解，他们选择最有代表意义的一点，创造出具有象征意义的艺术形象。（图2-48）

象征性标识最能体现设计对象特征的本质部分，利用一种事物来说明另一种事物，双方关系相对稳定或约定俗成，如鸽子象征和平，龙象征中国等。这种象征有些是借用了自然世界中的某种事物本身的特点，如鱼繁衍快速象征了多子多福，牡丹花雍容华贵象征了富贵。

❸隐喻性标识：品牌标识图形要传达抽象概念有时很难直接表达，可以借助隐喻使抽象的概念转换成形象的物性，借同种类型、同种性质的事物特征来表现对象。隐喻性品牌标识从侧面烘托主题，形式新颖，但处理不当也会削弱主题，甚至产生歧义。（图2-49—图2-51）

具象品牌标识表现形式可以分为人体造型的图形、动物造型的图形、植物造型的图形、器物造型的图形、自然造型的图形等。（图2-52—图2-54）

图2-47：Moneypenny The Dog 标识 / Rupa Design/ 德国 /Moneypenny 的标识形态是一条真实的狗，来自一本摄影书 Moneypenny The Dog 中的形象，考虑到作为一个有自己的个性的生物和人类最好的朋友，Moneypenny 于是进一步发展成为一个品牌

图2-48：荷兰自由大学标识 / 鸟兽的同构象征大学对自由精神和独立人格的不懈追求

图2-49：女子休闲服生产线的标识 / 用极具雕塑感的艺术表现形式塑造了一个狂奔的裸体女子形象，以此来象征服饰产品休闲特色——舒适和随意的感受如同无装可着

图2-50：STAND UP 喜剧演艺公司标识 / 长满长刺的座椅象征着喜剧演员的独立艺术精神，也富有趣味性地表现了公司的名称 STAND UP

图2-51：潜水装备店标识 / 潜水的狐狸形象暗示购买这些产品是消费者聪明的选择

图2-52：绿地纸业公司标识 / 用原材料采集的场景来暗示纸质的优良，激发观者对造纸过程的想象，强化企业积极进取的形象

图2-53：自行车装饰标识 / 俄罗斯 / 牛的造型代表了自行车，牛身上的狼形图案代表了装饰性，成功地寓意了主题

图2-54：BLUE DOG 标识 / 一条奔跑的狗被灵动、轻松的线条表现得活灵活现，在作为品牌标识的同时又是一幅完整的速写艺术作品

图2-47

图2-48

图2-49

图2-50

图2-51

图2-52

图2-53

图2-54

三、抽象表现

抽象表现是以抽象的图形符号来表达品牌标识的含义，以来源于自然形态并经过提炼和理性规划的几何图形或符号为表现形式。在抽象过程中，设计师紧紧抓住形态的"神"，舍弃具象的"形"，对形象进行高度概括与升华，使所得的形象更集中，更富有启发性。抽象形式的品牌标识，能单纯地表现对象的感觉和意念，具有深刻的内涵和神秘的意味。

抽象品牌标识通常是以一种规范、简化的方式表现出来的图案，也就是运用点、线、面等几何形状，含蓄、理性地表达设计概念。不同的点、线、面可以形成不同的性格特征。如直线和曲线是线条的两大系列，直线具有正直、明确、理性等感觉，而曲线具有柔和、活泼、感性等感觉。（图2-55—图2-57）

抽象品牌标识单纯简练，启迪性、概括性强，善于表达现代科技的一些概念，如电子、化工、计算机等。具有单纯、有条理、有序等几何形因素的现代化产品本身，用抽象表现法有时比具象表现更准确、生动、明了，个性更强，更能达到过目不忘的效果。（图2-58—图2-60）

当设计一个新的形象，人们的意念中就有许多已有的意念形象在起作用。这些头脑中已有的形象，有些是现实形态的反映，有些是现实形态的初印象或现实形态的变形、抽象，这些形象被称为母形。新的形象是由母形演变而来的。在母形中，最简单的形被称为单元形。单元形按形态结构可分为方、圆、三角、点、线和面等理性的原形。抽象品牌标识表现的主要构成形式可以简单概括为点的构成、线的构成、面的构成等。

图2-55：媒体招聘标识 / 由规则排列的重复的点构成标识主形

图2-56：购物中心标识 / 俄罗斯 / 不规则的点经过移动形成弧线造型，弧线经过对称旋转塑造出新形象

图2-57：Macphai 学校音乐标识 / 美国 / 粗细变化的曲线通过方向上的改变形成音乐般的节奏感，产生了有意味的形式变化

图2-58：耐克标识 / 罗琳·戴维德森 / 对一个瞄准跑鞋市场的企业来说，这个标识贴切而又意义深远。这个象征符号的内涵演绎了拼搏的呐喊和一代人的生活方式

图2-59：Toss 标识 / 韩国 / 电子钱包服务平台

图2-60：同源咨询管理公司标识 / 里夫设计集团 / 蓝绿两条有肌理变化的线经过对称旋转产生了星空般的变化，象征着互动和沟通

图2-55

图2-56

图2-57

图2-58

图2-59

图2-60

四、图文综合表现

字体表现和形象化表现的组合是品牌标识设计中最常见的表现形式，在内容上更丰富，表现形式上更多样，应用范围更广泛，因而运用的次数也较多。文字从发生、发展经历了绘画文字、象形文字、表意文字及表音文字，文字与图形已演变成了两种独立的艺术形态，各有其不同的功能和任务。如果我们将文字视为知性与理性的传达，那么图形则是偏重感性的传达。（图2-61—图2-63）

在设计中将文字与图形两种形态相结合的例子很多，但两者并不是一种简单的拼凑，而是发挥各自所特有的优势，相互衬托，相互补充。文字能够避免图形符号在传达过程中多义的缺点，而图形能够表现文字、语言所无法表达的意境、气氛，同时图形还具有不受地域限制的、超越国界的世界共通性，这一点充分地体现在公共品牌标识的设计当中。因此，文字与图形结合的效果是倍增的。（如图2-64—图2-65）

设计师在文字和形象化表现组合设计中要有整体意识，充分发挥文字与图形各自所特有的优势，并注意文字和图形要以其中一个为主，一个为辅，互相配合。

字体与图形结合的表现形式有以下几种。

（一）文字局部以图形取代

将文字局部以图形取代的做法在民间早已流行。如在民间剪纸艺术中，由于各种各样的图形与文字要结合在特定的形状中，为了节省更多空间，手工艺人就以图形代替字的笔画、偏旁部首，成为文字和吉祥形态结合的整体。我们常见的"喜"字其"口"部加入心形或其他吉祥图形，或用心形等图形代替"口"部，便在原有字意的基础上传达出了更为丰富的含义。（图2-66）

图2-61：美发师个人标识 / 美国 / 剪刀和字母形态的同构，标识体现了文字和图形的完美结合

图2-62：PR STUDIO CMC 标识 / 图形、文字、符号的特征相互融合，优势互补

图2-63：艾滋服务组织标识 / 标识以图形为主，文字为辅，结合自然，形成稳定的图文综合形式

图2-64：FRAMED 标识 / 图文比例相当，相互支撑完成视觉的平衡

图2-65：后朋克厨房标识 / 统一风格的文字和图形拙味十足，清晰地传递主题

图2-66：Rain Theatre 标识 / 图文形式统一、协调

图2-61

图2-62

图2-63

图2-64

图2-65

图2-66

（二）文字排列构成图形

文字排列构成各种视觉化的图形，是从印刷编辑设计中派生出来的一种独特的形式。（图2-67、图2-68）

（三）由图形构成文字

在目前以插图和摄影为主的现代视觉传达设计中，由图形构成文字是非常重要的一种表现形式，在商标设计中已作为一种独特风格而存在。（图2-69、图2-70）

（四）图形成为文字背景

图形成为文字背景是指将文字与各种图形，包括一些线条结合在一起的文字设计。这种设计有以下两种基本形式。一是图形内放置文字。以文字为主，利用图形或线条将文字围在其中，这不但丰富了品牌标识内涵，而且加强了视觉吸引力。二是图形退居文字背后作为文字的背景。（图2-71、图2-72）

通常，综合表现的品牌标识文字与图形不可分割，任何一方都无法独立存在，而在品牌标识注册时，文字与图形共同组成完整的品牌标识。

图2-67：鱼饵标识 / 美国 / 由文字构成的鱼饵既完成了表意的传达，又与图形结合巧妙

图2-68：文字与线条的巧妙构合，形成了照相机和支架的概括形态

图2-69：TiVo 电视机公司标识 / 克罗南设计公司 /TiVo 电视机公司为看电视的人创造了全新的体验：让他们在看电视时可以录制、暂停、回放，可以编自己喜欢的节目的节目单。这种技术在当时的广告界引起了轩然大波，因为看电视者很容易在播广告时快进，只看自己感兴趣的内容

图 2-70：ROOT IDEA 标识 / 为了避免文字在和图形的对比中显得过于弱势，标识图文选择了互补色

图 2-71：动物园野生动物联盟标识 / 圣地亚哥 / 五角设计联盟

图 2-72：塔佐牌茶饮料标识 / 沙暴设计公司 / 文字作为主体形象离不开底图的强有力的衬托

图2-67

图2-68

图2-69

图2-70

图2-71

图2-72

五、动态表现

在信息流时代，信息动态的视觉呈现逐渐成为平面设计的主流趋势之一。品牌标识设计早期受印刷制版的影响，只能制作一些形态简单、单一维度和色彩的图形，这类表达方式一方面是受当时大环境的影响，追求更为简洁的设计和更强的功能性，另一方面则是受到制作工艺和传播技术、设计成本等方面的制约。随着电子媒介的发展，品牌标识设计在生产工艺和加工技术方面也得到了前所未有的提升，它融合了动画、音频和其他媒体效果，提高了时效性和交互性，更复杂的品牌标识制作形态应运而生。经过动态设计的品牌标识则是图形在时间和空间两个维度的动态解读，泛指静态品牌标识的一种扩展表现形式，通过动画的形式来演绎静态的品牌标识图形，所涉及的概念范围更广。

早在19世纪，被称为动态图形的作品就出现了。20世纪60年代，有人在电影的片头和片尾中加入了动态图形的设计，例如《八十天环游世界》《金臂人》等，在当时，这些电影的片头被视为动态设计的始源。后来，动态设计深入20世纪初的影视媒体中，品牌标识动态展示的方式出现在影视片片头。动态品牌标识和品牌标识的动态展示中两个"动"的概念经常容易混淆，它们在表现形式和属性上是存在差异的。（图2-73、图2-74）

传统意义上的展示概念一般是指展示活动，最早出现在原始社会的祭坛和神庙中，后来随着商业店铺数量增多，就出现了专用于展示活动的展览馆。展示设计作为人类文明交流的媒介，所包含的范围十分广泛。它通过各种载体传递信息，并以时空艺术的形式安排和组合各种空间，形成多方位的展演效果。本书所提到的"展示设计"，是指静态品牌标识借助数字化软件实现动态过程的视觉变化，而非展陈设计。与静态品牌标识相比，动态展示更符合人们的视觉特征。为了使品牌标识能够在适应新媒介发展的同时也能在形态的延展上表现新颖和独特，动态展示的多形态品牌标识应运而生。

图 2-73：华纳兄弟娱乐公司片头标识 / 别具新意的将形态各异的标识以动态展示的方式在影片的片头播映

图 2-74：20 世纪福克斯电影公司片头标识

图2-73

图2-74

（一）动态品牌标识设计

图 2-75：日本朝日电视台动态识别标识 /Roppongi/Yokoi Masaru/ 东京

心理学中也提到，运动最有可能吸引视觉注意力。由此可见，无论是从视觉角度来看，还是从心理角度来看，在来自外界的刺激中，只有那些不断变化的、复杂的、非秩序的形态才能给人带来新鲜感。因此，设计师应不断地更新自己的设计理念，探求更多受众接受的可能性，而不限制于固定的表现方式。

工业化时代的品牌标识呈现方式之所以比较单一，是因为公司大多为制造业或者服务行业，对品牌标识的需求并不高，品牌标识的呈现没有过多的变化。但随着技术的发展，新兴行业大量涌现，例如在20世纪50年代出现的电视及网络等发展内容复杂、发展迅速的行业，必须以多样化的眼光去看待设计的发展，寻求多变的形态和传播方式。单纯静态的图形目前已经无法满足受众的视觉体验，动起来的设计成为受众喜闻乐见的形式，一方面能够在一定程度上帮助受众更好地理解品牌内涵，另一方面能够提供更为多样化的展示方法。

积极的选择是人类视觉的一种基本特征，相对于静止的物体，处于变化中的物体更加吸引人的注意。品牌标识设计追求多元的表现形式已经成为事实，实际上，"动起来"的图形已然成为大众所追捧的形式。品牌标识的动态展示之所以"动"，是因为其引入了时间的维度，并且时间要素作为动态展示中主要研究的要素之一，构成了一种历时性的视觉艺术作品，强调时间是运动发展的先决条件。动态图形在运动的设计中，包含时间、空间、速度等三个方面的要素，这三者之间相互牵制，相互制约，时间成为一种抽象的概念而存在。（图2-75）

图2-75

（二）品牌标识的动态展示设计

　　品牌标识动态展示与动态化品牌标识的不同点体现在表现形态上面。一般来说，品牌标识动态展示是对品牌标识特征进行动态演绎之后，定格在静止的品牌标识形态，目的是展示品牌标识内容。而动态化品牌标识是品牌标识自身的一部分。相较于动态化品牌标识，品牌标识的动态展示设计强调设计过程，我们也可以将过程视为"故事性"的视觉延展，是将静态品牌标识通过动态的设计，如元素的添加等来展现品牌标识的个性。这里所说的动态展示，并不是不规则的、毫无根据的动态效果，而是根据品牌本身的内涵或者形态本身的特点，在形态、色彩和整体结构上产生变化，并通过合适的数字媒介进行展示，便于观者了解品牌标识内容。（图2-76）

　　在2021年苹果公司的品牌标识动态展示设计方案中，一条渐变的彩色线段通过几秒的缠绕运动后组成了抽象的苹果品牌标识，动态的设计巧妙地体现了苹果公司的创新理念，视觉上多变的色彩结合立体的动态效果，给受众留下了深刻的印象。（图2-77）

图2-76：2028年奥运会和残奥会会徽标识动态展示变化图／该会徽动态展示，以 LA28 为基础原型，用不同的元素代替字母进行组合和改变，突出表现标识形态。拟人化的字母做出投篮的动作，传递了奥运会的运动精神内涵；右上角的字母 A 通过不同的相似形态进行变形：各种形态的变化展示了不同类型的差异，属于是在多形态标识的基础上做了标识动态展示

图2-77：苹果标识动态展示／运动方式是模拟自然物的运动规律并加以创意，线条的整体形态变化融入色彩的渐变效果。从线到面的动态效果展示了标识的形态生成，生动表达设计师的创意，画面中追求"自由舞动"的线条体现了品牌创新性的特征

图2-76

图2-77

品牌标识的动态展示之"动"是区别于汉诺威世界博览会标识之"动"的，它是为了展示静态品牌标识的某些特点或引起观者的兴趣以加深记忆而做的品牌标识"动画"处理。此类品牌标识的动态展示比"动"作为品牌标识本身的一部分的那类品牌标识应用更为广泛。（图2-78、图2-79）

图 2-78：Google TV 标识动态展示变化图 / 该标识分别以红、黄、蓝、绿这四种颜色为主进行动态变化，由字母变形为圆形后，又通过圆角的改变，组合成一个四角矩形的框来代表电视屏幕，用趣味的动态表现手法着重展现标识形态从无到有的生成过程

图 2-79：天美游戏公司开屏标识动态展示变化图 / 天美游戏公司旗下手机软件的开场动画,利用标识主体的特性进行了趣味性的动态展示设计

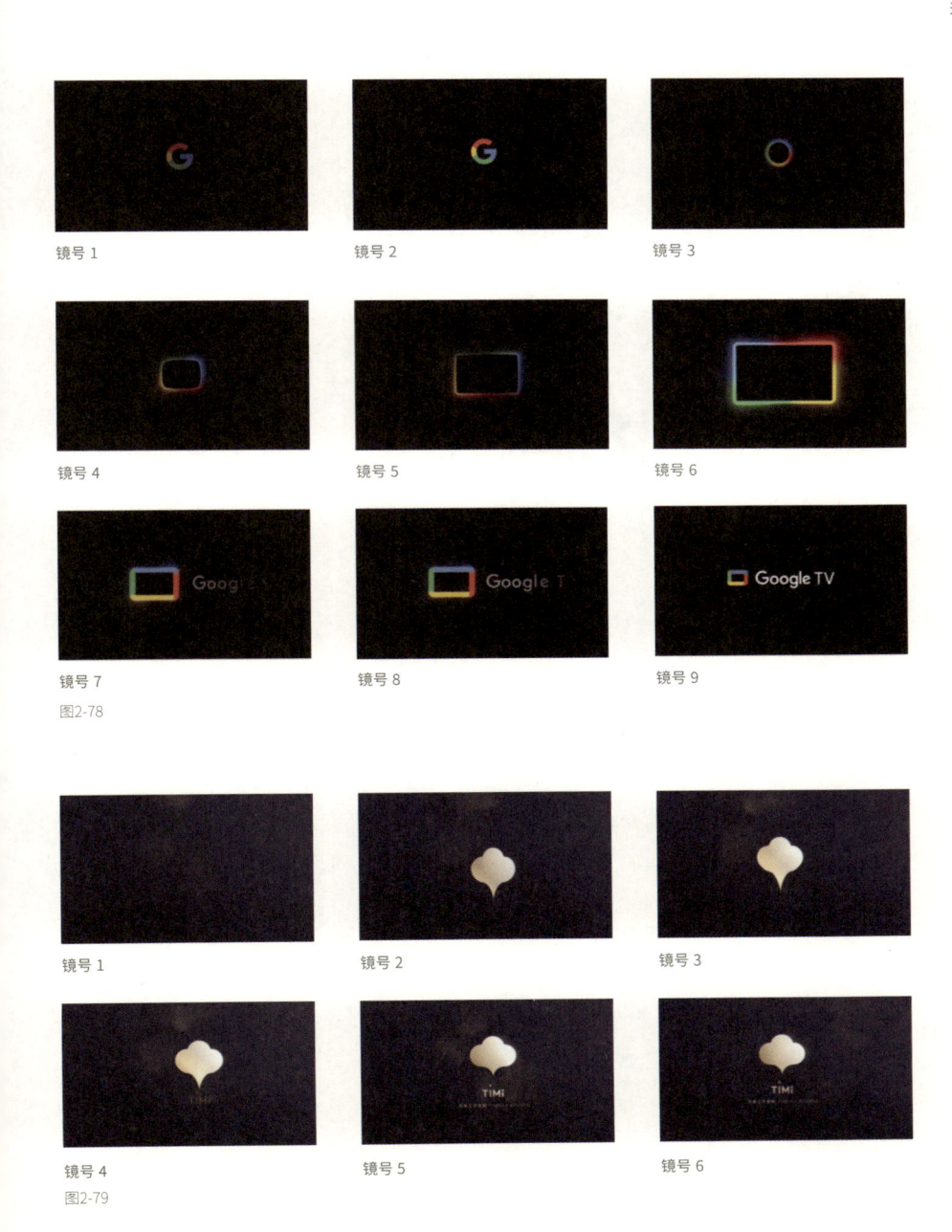

镜号 1　　镜号 2　　镜号 3

镜号 4　　镜号 5　　镜号 6

镜号 7　　镜号 8　　镜号 9

图2-78

镜号 1　　镜号 2　　镜号 3

镜号 4　　镜号 5　　镜号 6

图2-79

21世纪以来，随着手机及PDA媒体的广泛应用，设计师也大胆地尝试将品牌标识与动态结合起来。品牌标识动态展示设计呈现多元化和个性化，可以是场景之间的交替播放，也可以根据品牌标识的个性进行解读。所有品牌标识的动态展示多用于产品的开场动画，以及游戏、软件的启动等。

根据受众需求或品牌宣传目的的不同，品牌标识动态展示设计过程中的动因也各不相同，变化特点各有差别。（图2-80、图2-81）

图2-80：橡树之城罗利的城市品牌新旧标识／罗利位于美国南部区域，是北卡罗来纳州的首府。作为该州第二大人口城市，罗利被称为"橡树之城"。该城市的原始标识在形态上采用了橡树的外形，用橡树叶子包裹着橡树，但整体形象设计看起来略显烦琐，在媒介领域传播方面受到一定的限制。2017年，政府采用了新的品牌形象进行城市文化传播，并使用了动态展示的方法。新的静态标识继续沿用了橡树的形态，进行了简化，尊重原标识的设计的同时使其更具传播价值。为了不破坏标识本身的形态特点，设计师用几何图形代替了叶子的形态，与城市作为高科技产业聚集地的概念相呼应

图2-81：橡树之城罗利的城市形象标识动态展示变化图／设计师并没有加入复杂的动态设计，而是利用风的动势吹过树木，产生一种视觉上三维的互动感，不仅表现了城市特色，同时也为标识增加了更多的灵动感，增强了传播性。从认识角度分析，该标识的动态展示设计倾向于运用趣味性的手法传播城市特色，突出了城市品牌的优势，向受众传达了其深刻内涵

图2-80

镜号1　　　镜号2　　　镜号3

镜号4　　　镜号5　　　镜号6

镜号7　　　镜号8　　　镜号9

图2-81

为传递奥运精神，2021年的东京奥运会将每一项运动都设计成了拟人化的动态展示图标，这组延伸标识由动态设计师井口皓太花费超过一年的时间，于2020年2月完成。需要指出的是，作为奥运会品牌标识的辅助形态，每一项运动展示的动态图形本身，都应该具备动态化图形符号和符号的动态展示双重特征。（图2-82）

常见的品牌标识动态展示中形态运动的设计动机有以下几个方面：突出品牌标识设计的创意；突出品牌标识的审美特征，注重品牌标识的装饰性，如画面中元素的美化、添加等；突出品牌标识本身动态过程中的趣味性表达；突出品牌标识的意义和内涵；突出品牌本身优势，如产品的美味特性等；展示品牌标识形态的生成方式。（图2-83）

图 2-82：东京奥运会延伸标识的动态设计 / 井口皓太 / 图标中的人物通过形态的变化演绎不同的动作，运用创意的手法突出了每个标识的形态特征，相比于静态标识而言，细节更加丰富，传达的意涵也更加饱满

图 2-83：第 55 届卡罗维发利国际电影节 /Studio Najbrt/ 动态标识以数字 55 为基础，将一双大眼睛植入其中，寓意经过漫长等待，人们终于可以兴奋地走进电影院，在黑暗中享受电影带来的视听盛宴

镜号 1　　镜号 2　　镜号 3　　镜号 4

镜号 5　　镜号 6　　镜号 7　　镜号 8

图2-82

图2-83

（三）动态标识实践

品牌动态标识沿用静态标识、标准字、辅助图形的设计规范，使静态化、平面化的形态逐渐向动态化、多维化方向转变。动态标识实际上是一段动画，我们以"上海人民美术出版社"动态标识设计为例，详细介绍一下动态标识设计的过程。在这个过程中，设计师特别关注标识中的关键元素，如"美"这个元素，通过动态标识转换凸显这一概念。以下为详细的动态标识设计步骤，结合After Effects软件的操作步骤解构这一动态过程。

1. 明确设计理念

在开始动态设计之前，了解"上海人民美术出版社"的品牌文化理念，包括艺术、创造力、传统与现代结合等元素。

2. 素材准备

准备静态标识矢量图形，导入After Effects软件中。（图2-84）

3. 创建合成并分层

在After Effects中，创建一个新的合成，并将导入的矢量图形进行分层，确保每个元素都可以单独操作。

4. 添加特效制造草图效果

针对静态图层，使用After Effects内置的特效或插件，如涂鸦、扭曲等，制造草图效果，使动态标识在切换时呈现出有趣的过渡效果。

5. 二维图形转为三维

对二维图形进行处理，增加立体感。通过调整图层的透视、深度和光影效果，

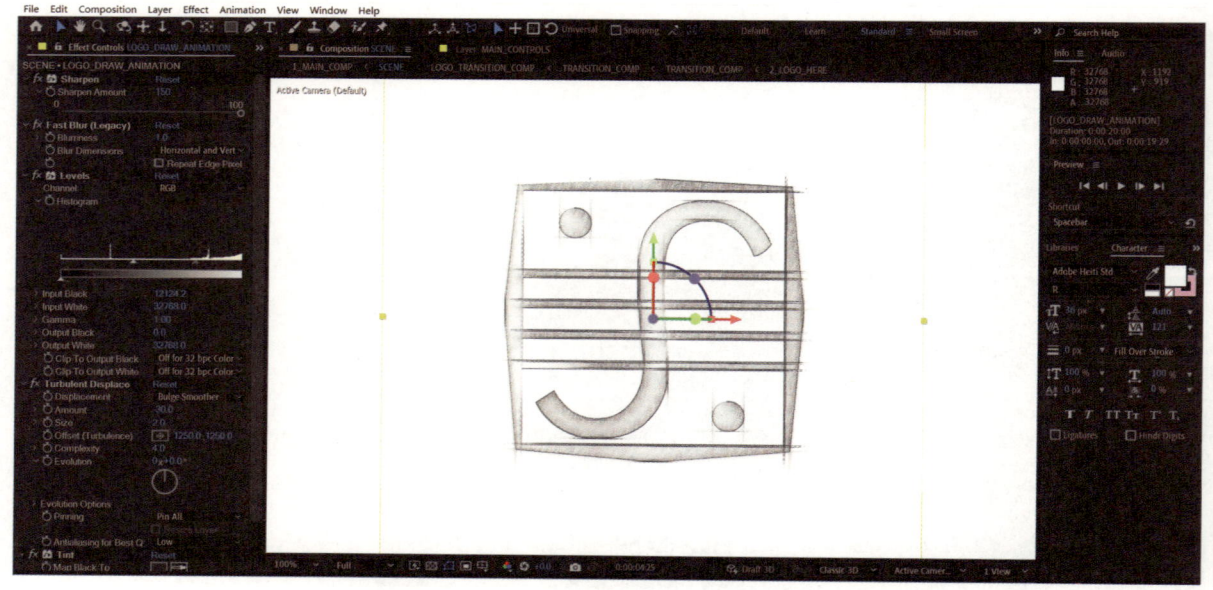

图 2-84：上海人民美术出版社品牌标识动态展示方案 After Effects 软件操作界面 / 倪洋

图2-84

将标识从平面转变为具有层次感的三维形态。

6. 摄影机的设置

在After Effects中添加摄影机，并调整其参数，如焦距、视角等。这为后续的摄影机运动效果奠定了基础。

7. 定义关键帧和运动轨迹

在时间轴上定义关键帧，结合摄影机的运动轨迹，使标识在三维空间中以生动的方式进行切换。

8. 转换图形和文字

根据品牌理念，决定何时以及如何在动态标识中切换图形和文字，包括渐变、旋转、缩放等效果，以更好地传达"美"的概念。

9. 定制过渡效果

在切换过程中添加过渡效果，使动态标识的变化更加平滑、自然，包括渐隐、淡入淡出、粒子效果等。

10. 完善和优化

完成初步的动态设计后进行多次优化，确保动态标识在各种场景和分辨率下都能够呈现出理想的效果。

通过这一详细的过程，我们成功地将静态标识转变为富有创意和生命力的动态标识，更好地传达了品牌形象和文化理念。（图2-85）

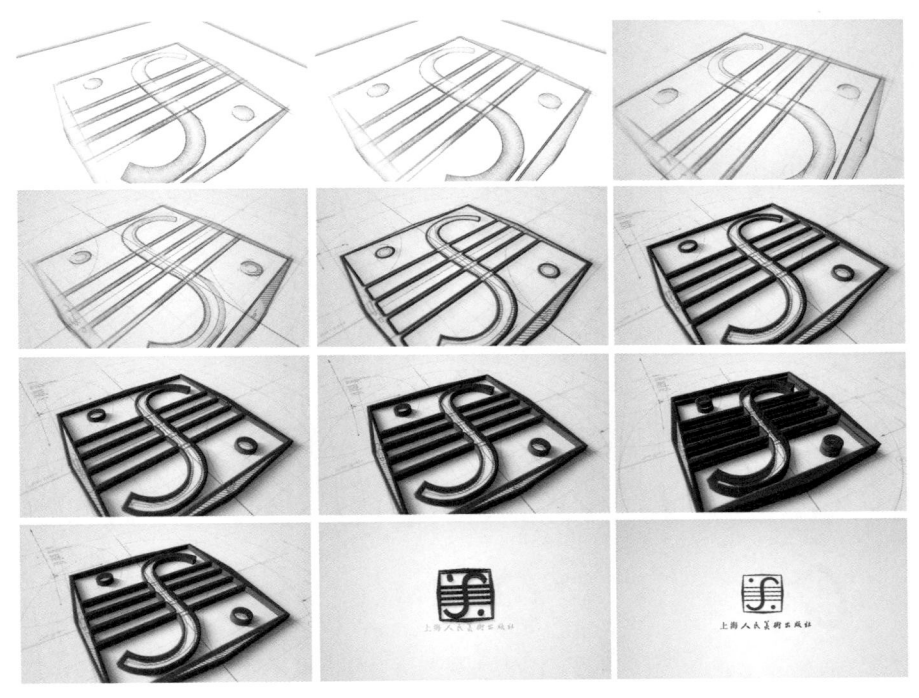

图 2-85：上海人民美术出版社品牌标识动态展示方案 / 倪洋

图2-85

（四）品牌标识的动态化特点

1. 时间性特点

"动"起来的品牌标识与静态品牌标识本质上的差异就在于其比静态品牌标识多了时间维度，而时间可以衡量和描述变化。换句话说，动态是静态在形式上的延伸，无论是动态化的品牌标识，还是品牌标识的动态展示，图形都是通过运动变化来验证时间的存在的。动态图形在运动的设计中，包含时间、空间、速度等三个方面的要素，这三者之间相互牵制，相互制约，时间成为一种抽象的概念而存在。

动态化品牌标识和品牌标识的动态展示在加入了时间维度后获得了一种可持续性的特征。动态展示比静态呈现更能够体现出设计的活力，同时也增添了传播媒介的丰富性。（图2-86）

一个品牌标识的动态设计经过出现、变化、消失三个阶段，这个过程必须是连续的、有秩序的，这样才会与观众保持一致的感知度。综上所述，设计师在动态设计当中，对时间和节奏的把握要有快有慢，游刃有余，遵循图形变化规律。

2. 空间性特点

这里所指的空间，并不是我们在传统意义上理解的构建一个类似于三维立体的空间，而是在二维基础上形成的空间感，这是在平面基础上的延伸。传统的二维动画设计代表着空间中的两个维度，即x轴和y轴，在有限的空间内传达信息。动态的图形虽然在一样的屏幕和相同的媒介中传播，但是因为其增加了"动"的属性，人们对其空间认识的领域扩展到更广泛的区域，即我们所说的z轴。在动态设计过程中，图形通过大小、位置，甚至快慢、方向变化等，产生了有情节感的连续，即完成了二维

图 2-86：Meta 公司标识动态展示变化 图 /Facebook 在 2019 年更名为 Meta，并设计了全新的纯图形标识，该标识将字母 M 与无穷符号相结合呈现出一个可以扭曲且随意变化的形态。为了适应不同的传播媒介，设计师进行了动态展示设计。展示过程中二维和三维模式随意切换，象征着无限的可能，说明了单纯的图形形态也可以向受众传递出所表达的信息

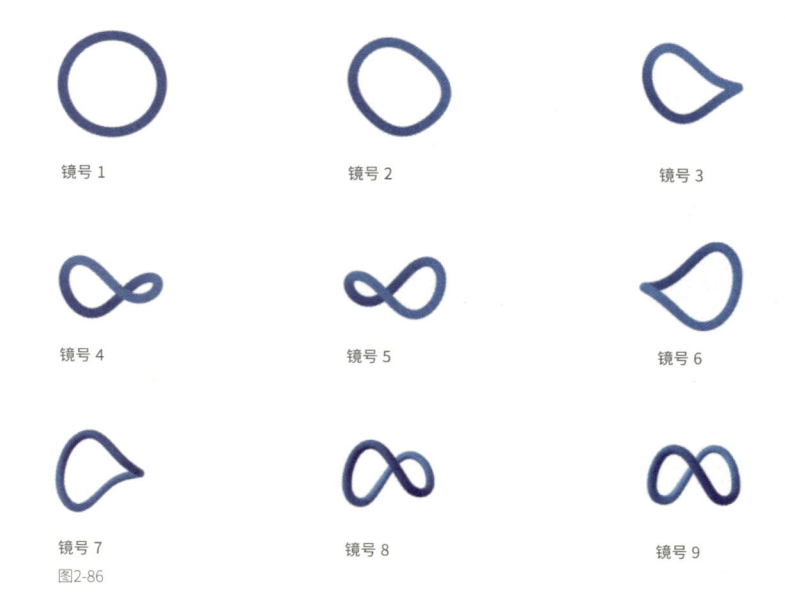

镜号 1

镜号 2

镜号 3

镜号 4

镜号 5

镜号 6

镜号 7

镜号 8

镜号 9

图2-86

平面空间的构建。视觉元素的有序与否，会直接影响展示过程的情节是否能被清晰地表达。图形是品牌标识设计中必不可少的视觉元素。静态图像加以动态的处理所带来的认知被量化的提升，按一定的规律不断演变引导出最后的品牌标识呈现。作为品牌标识设计主体的图形，将通过动态变化影响受众的情绪走向，达到突出重点的效果。

3. 叙事性特点

　　静态品牌标识在第一时间通过文字和图形传达给受众信息，受众在接收到信息之后做出反应。而动态展示的品牌标识在添加了空间和时间等要素后，要通过一段时间后才能传达给受众信息。当品牌标识以一种动态展示的形式出现时，画面中的图形与受众就产生了一种"交流"，同时加以声音的效果和场景的组接，在表达信息的叙述方面会更加完善和连贯，无须语言的交流就可以使受众更好地理解，于是它的传播媒介会更加广泛，覆盖面也更广。传统意义上的二维动画有故事情节且具有很强的叙事逻辑，在设计中着重考虑动画角色和场景的设计，以及镜头光线等的运用。在品牌标识的动态设计中，设计始终占主导位置，包括静态品牌标识设计以及动态的分镜头脚本设计、声音设计等，贯穿整场的叙事性非常重要。（图2-87）

4. 声音认知的特点

　　心理学研究发现，人的听力往往比视力的信息检测速度更快，因此人们先听到手机消息的滴滴声音，之后才能发现图标闪烁。人们听到一些局促的类似救护车的声音会变得情绪敏感，当听觉信息和视觉信息同时出现在图片中时，人们会产生更切实、更强烈的感受。品牌标识动态设计为了给受众营造一个沉浸式的体验环境，通常增加声音来配合视觉的变化，表达情感化的信息传递。声音是听得到的色彩，色彩是看得见的声音，色彩和情感之间有着丰富的象征关联性。牛顿光学则认为，从红到紫的彩虹七色与音乐中的七个音阶有着对应关系，比如音乐曲调上升会让人联想到明亮的色彩，急速的音乐节奏则会让人联想到热烈的暖色。

图 2-87：苹果标识动态展示 / 运动方式是几何形态的打散重构。用各地区的代表建筑或色彩的元素进行静态标识的设计并实现动态效果，突出表现设计师的文图互动创意，同时利用色块和色彩变化组合的不同方式实现不同区域的标识呈现

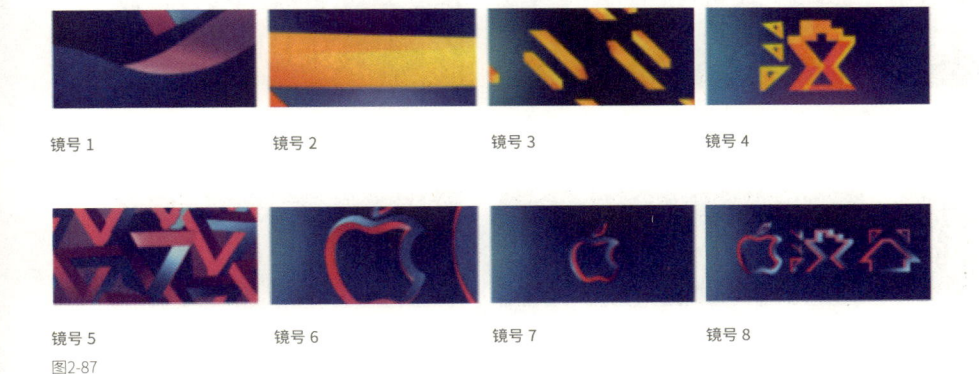

镜号 1　　镜号 2　　镜号 3　　镜号 4

镜号 5　　镜号 6　　镜号 7　　镜号 8

图2-87

好的声音艺术作品具有唤起观者去感知画面的作用，它能唤醒人的所有感官。人的听觉比视觉更为敏感和活跃，例如同时释放视觉和听觉信号，声音的信息往往首先被接收到，这说明人们对声音的刺激更加敏感。声音在动态标识设计中也占据着中心地位，旋律、节奏、音色和和声是音乐的四大基本要素，视听觉的通感融合主要通过音乐的韵律感与节奏感作为引导，视觉形象在此之上展开运动。优秀的声音设计在画面中还具有叙事性的效果，在日常生活中捕捉一些有趣的声音并根据声音进行创意设计，能引起受众的视听共鸣。（图2-88）

品牌标识动态设计在声音的选择上要注意以下几个特征。

（1）节奏感明显。要在短时间内完成信息的传递，需要对声音采取加速或重复的手段。

（2）声音的透视。声音的透视往往通过渐强或渐弱来表达空间上的远近，在动态设计中，常被用在转场、场景与场景之间的切换，使声音在表达方面更加自然和贴切。

（3）配合视觉元素使用。例如画面中出现小球跌落的场景时，可以配合东西掉落的音效。声音不仅可以传达信息，而且对品牌的构建有独特的作用，声音在选取上往往要考虑到与品牌形象的一致性。

（4）注意声音的合理利用。要求把握好节奏并关注复杂性，过于烦琐和嘈杂的声音会直接影响到观者体验，甚至被当作噪声摒弃。

图 2-88：MIDI 标识动态展示变化图 / MIDI 是编曲界最广泛的音乐标准格式。2021 年，某品牌设计公司的平面设计师与声音设计师 Yuri Suzuki 共同合作完成了 MIDI 新标识的设计，并为它赋予了生命。标识的动态灵感来源于音乐的频率波，动态展示过程是斯图加特音高（Stuttgart pitch）和利萨茹曲线（Lissajous curve）两条曲线在音高变化下的相交过程。标识的动态展示无形中加强了声音与视觉之间的联系，丰富了品牌内涵。因此声音的加入在标识动态展示设计中也是不可或缺的。

镜号 1

镜号 2

镜号 3

镜号 4

镜号 5

镜号 6

图2-88

六、多形态表现

多形态品牌标识设计是在保持品牌原有的认同性的同时赋予视觉要素多种变化的形象设计。以往的品牌形象以单一的形态保持企业品牌的一贯性和统一性，将企业既定的形态传达给消费者。多形态方式提供了品牌标识的可变结构和多样方式，易于向消费者输出多样化的品牌感受。多形态品牌标识作为品牌形象设计新的表现形式，在不同信息主题和不同应用环境中呈现出独特的意蕴和价值。

"多形态"意为在一定条件下可做多种变化的性质或能力。多形态品牌标识设计追求的"可变性"和品牌本质上追求的"统一性"相互冲突。但将多形态品牌设计视为向消费者提供品牌体验，为消费者传递品牌价值和特征的视觉沟通方式，而非单纯的视觉体系，就是将多形态品牌设计概念扩大，使其具有"灵活性"及"着眼于未来"的内涵，而不仅仅停留于狭隘固定的概念上。旅游城市墨尔本为了突出自身国际化大都市的城市形象，十多年前曾采用了叶子形态的品牌标识，但因为要融入一个较长的城市名，所以很难给人以简洁的效果，对于墨尔本市的象征性体现也比较弱。改良后的墨尔本城市多形态品牌设计可以适用于旅游、文化、演出等各种不同的场景，使该品牌标识具有城市品牌认同性的同时又非常灵活。这种多样性和开放性正好与旅游城市墨尔本所追求的品牌形象一脉相通，为确立只属于墨尔本的品牌形象提供了可能。所有人都可以自由参与并创造出 Web 2.0 形态，进行设计的人员可以通过博客或者各种网络，对自己创造的形象进行宣传，还可以让其他人一同参与设计，通过增加品牌体验来对品牌进行推广，为打造一个开放型的品牌形象做出贡献。（图2-89、图2-90）

图2-89：墨尔本城市标识的过去和现在形态 /Landor/ 新版本的墨尔本标识设计先对大写字母 M 进行三维立体分解，再利用线条进行连接，最终体现于二维平面之上。不同色块或图案进行组合，呈现出多形态的城市标识

图2-90：墨尔本城市品牌多形态表现 / 该标识在视觉上呈现出三维立体效果，具有无限的发展和可能性，充分展现了墨尔本时尚与创新的形象

图2-89

图2-90

品牌设计通过与多种媒体结合，与消费者展开积极、活跃的沟通，变得越来越重要。多形态设计案例出现于20世纪80年代后网络环境和视频媒体迅速成长的时期，初期代表性品牌标识有 MTV、BBC2 等。

可变性是多形态品牌标识的重要特征，包括在变化的环境下保持形态的稳定或者组织的多样性和变化的适应性。随着数字媒体技术的发展，多形态品牌标识打破固定形态，增加了可变性，可在多种媒体上自由表现。多形态品牌标识根据不同的时间和环境，表现为多种形式。在多媒体技术不发达的时期，信息的传播非常缓慢并容易预测结果，因此将单一固定的品牌形象提供给消费者也能传递品牌形象。一些可以迅速适应媒体环境、重视与消费者的双向沟通的企业和团体，甚至运动会、美术馆及城市公园，都将品牌视为变化的对象，积极为品牌形象进行多形态设计。（图2-91）

当然，不是所有品牌都必须追随潮流进行多形态设计。品牌形象设计必须充分分析顾客需求，调查品牌历史和背景，使用适当的品牌形象系统。多形态品牌标识设计在保持原有的"整体性"的同时，使用更具实验性、创新性的表现方法与消费者互动，才会有助于树立品牌可靠的形象。新的媒体环境下，品牌与消费者的关系是互补的，消费者必然积极接受变化，乐于接受"灵活"和"多样化"的形象设计。

多形态品牌标识和动态品牌标识既有区别又有联系，概念有时候容易混淆。传统品牌标识设计中单一品牌标识出现和存在的时间最长，而且具有长久性和顽强的生命力；动态和多形态品牌标识设计的概念较晚产生，在传播效果和表现形式上有其自身的特点。动态设计是设计过程中将静止的图形转化成动态图形的一种品牌标识设计方式，融合了数字技术，使图形在空间和时间上产生不同的表现效果。现代生活离不开网络，网络在人们的日常生活中无处不在，视频、LED以及多媒体的普及，为动态品牌标识的实现提供了媒介和技术。不同于传统静态品牌标识采用的传统制版和印刷方式，动态和多形态品牌标识多采用新媒介的方式。但是动态品牌标识的实现有时需要特殊的传播媒介和技术，也就是说，一旦离开了特定的载体，动态品牌标识就和静态品牌标识一样是定格的。在互联网时代，信息和视觉语言不断变化，这三类品牌标识的传播特点有明显的区别。传统的静态品牌标识遵循了文字、色彩以及图形标准的

图2-91：Goncharovsky 公园多形态标识 / 设计师构思了一个象征公园中生长的树木的品牌标识。如同真实的树木，这个标识展现了春、夏、秋、冬四个季节的时间轮回，随着季节变换采用对应的公司风格元素。每个标识都拥有一组独特的基本元素，能够自我组合形成易于辨认的图案，其色彩与品牌宣传册保持一致。标识与品牌的理念共同展现了公园四季不同的美丽景致。此外，设计师还将这一标识应用于公告牌、公园咖啡馆以及纪念品上

图2-91

固化和统一，不追求变化和多样性，更能够深入人心。然而，在视觉语言爆炸的现代社会中，动态品牌标识设计中的图形形象能够刺激大众的感官和吸引消费者的眼球并触发大众的好奇心，所以动态品牌标识形式的独特魅力就在于能够对品牌标识形成更加深刻的影响。多形态品牌标识设计的传播优点是能够在不同的媒介应用中表现不同的形态内涵。

此三类品牌标识类型设计是相互包含和相互转化的。当动态品牌标识要在纸质媒介传播时，如果仅仅是截取动态品牌标识的第一个画面传播，这就和静态品牌标识没有任何区别，现实生活中也确实存在这种做法；如果将动态品牌标识的各个点都截图，形成一系列的动态截图，此时的动态品牌标识就是以多形态品牌标识表现出来的。所以在实际设计过程中，设计师要充分融合各种类型品牌标识设计的优点，争取为品牌创造更高的效益。

传统的静态品牌标识在特定的视觉识别场景中发挥着突出的表现作用。多形态品牌标识旨在摆脱静态品牌标识在表现变化上的局限性，其特点体现在以下几个方面。

（一）灵活性

多形态品牌标识出色的特点之一是灵活性。例如纽约城市多形态标识重新巩固了纽约对品牌的认同感，并试图将纽约全新的品牌形象传递给全世界。纽约的城市品牌通过各大网站、社交媒体、印刷物、广告甚至是出租车和建筑物来进行传播，以此来强化城市形象。（图2-92）

图2-92：纽约城市多形态标识/Wolff Olins/新标识通过粗体文字，表现了建筑林立、强健有力的纽约城市形象，同时增加了为适应不同情况而设计的多形态品牌设计，通过对粗体文字添加不同颜色的图案或图片，表现各个人种共同生活在纽约市的场景，体现了纽约的活力与包容

图2-92

（二）适应性

适应性是多形态品牌标识的另一特征，这给其多形态设计提供了有力的支持。多形态品牌标识的设计思路是使品牌标识不再是单一的品牌标识，而更像是一系列的符号所共同组成的图案的集合。（图2-93）

（三）独创性

使用多形态品牌标识的品牌机构与使用单一形态品牌标识的机构相比数量并不多，当有品牌采用多形态品牌标识的方式来进行个性的品牌形象设计的时候，大众最先认知的便是品牌的独特性。（图2-94）

（四）丰富性

静态品牌标识主要在二维的空间层面上做点、线、面的设计变化，所以在表现上存在限制，有些多形态品牌标识设计可以利用媒体技术的发展增加使用者参与设计的机会。

图 2-93：博洛尼亚城市品牌多形态表现 / Matteo Bartoil and Meiche Pastroe/ 博洛尼亚将城市形象标识命名为 è Bologna 并制作多形态形象，每种形态都是从博洛尼亚的传统建筑、塔结构和柱子中提取的图案。此外，在博洛尼亚官方网站上，人们可以自行选择想要的标识颜色和形态组合，从而为大众提供一个创新创造标识的机会

图 2-94：Nordkyn 地区的多形态品牌标识表现 / 通过视觉化图形展示出该地区的温度、风向等气象信息的变化

图2-93

图2-94

七、色彩表现

　　色彩向我们展示了世界的精神和活生生的灵魂。由于受到生活习惯、宗教、社会规范、自然景观与日常用品的影响，人们见到色彩会产生各种具体的联想或抽象的感情，包括喜爱和禁忌。因此，色彩是有感情的，它不是虚无缥缈的概念，也不是主观臆造的产物，它是人们长期经验的积累。色彩通过人的视觉影响思想、感情及行动，包括感觉、认识、记忆、回忆、观念、联想等，掌握和运用色彩的情感与象征是很重要的。

　　现代品牌标识设计的基本要求是易辨、易记。色彩依附于形象，共同传递准确的信息。人们对色彩的反映比对形状的反映更为敏锐和直接，色彩更能激发人们的情感。因为品牌标识图形有其自身的特点，色彩设计应注意以下几个方面。

（一）形式感

　　品牌标识图形的用色侧重于色块、线条的组合。就色彩规律而言，品牌标识色彩的运用虽与绘画色彩有共同点，但更有特异性。绘画中的色彩运用多注重于描绘对象的色光变化，写实性强，多用间色。而品牌标识设计中的色彩运用一般侧重于色块、线条的组合，强调形式感，多用原色。为达到明确的视觉传达效果和宣传效果，对于色彩的运用，设计师必须以现代社会的消费特点、企业产品的基本特征等作为构思的主要依据，同时要考虑到销售过程中的统一、连贯效果。用色不能根据个人的偏爱，强调自由个性，要尊重人们的习惯心理和宣传对象的具体情况，避免设计用色的任意性。（图2-95—图2-100）

图2-95：JOEFAN.net 网站标识 / 红与蓝的强对比犹如火焰之于蓝天，强烈而醒目

图2-96：购物中心标识 / 美国 / 手提袋的拟人表现和中纯度的对比营造了购物氛围

图2-97：墨尔本艺术节标识 / 欢快的表情、愉悦的色彩，烘托出艺术节的主题气氛

图2-98：提供精加工服务的公司标识 / 色彩明快、造型醒目的标识更容易在众多标识中引人注目

图2-99：RADIOCOM 公司标识 / 罗马尼亚 / 通过色彩冷暖色调和几何形的渐变，产生出方形的卷曲变化

图2-100：音乐团队标识 / 红蓝两色适度地降低了纯度，弱化了两色的冷暖对比

图2-95

图2-96

图2-97

图2-98

图2-99

图2-100

（二）记忆感

品牌标识图形的用色要简练而明快，有一定的对比度和视认度，易于辨认，一目了然，给人以深刻印象。特别是交通品牌标识、危险信号、广告性品牌标识等，用色更应讲究在公共场所的醒目性。（图2-101）

为增强色彩的记忆感，品牌标识图形在用色上还应考虑到设计物的具体特征，以使消费者产生心理上的共鸣。例如，以黄色为主的色调给人的感觉是富丽、明快，用在食品类品牌标识图形的设计上，能诱使人们联想到类似奶油、糕点、菠萝、柑橘之类的清香甜味。在日用品及服装上，色彩则能使人产生冷暖之感。如橙红使人感到温暖、热烈；蓝色、紫色和绿色使人感到凉爽、沉静；绿色还给人们以青春、新鲜之感。将这类色彩运用于相应物品的品牌标识图形设计上，则能起到事半功倍的效果。

（三）基本色的稳定性

一个企业的品牌标识一旦确定，就不宜在短时间内随意更改。由此确定的基色更应相对稳定，不要易地而变，否则会搅乱消费者对该企业品牌标识的印象。

（四）广告效应

品牌标识图形虽然同广告设计不同，但在一定意义上，它是没有广告语的广告牌。因此，品牌标识图形的色彩运用更应强调广告色彩的作用，具有广泛的视觉吸引力，使人们在看到它的第一眼就产生良好的印象。

（五）注目性

从色彩倾向来看，明色、纯度高、暖色系的颜色视觉吸引力高，对观者视觉冲击效果明显；暗色、纯度低、冷色系的颜色视觉吸引力较低，对观者的视觉冲击效果也较弱。另外，视觉吸引力还取决于背景与图形色彩的明度。我们在马路上仔细观看同样距离内的路牌不难发现，有的路牌醒目易见，有的模糊不清。清晰可见的品牌标识图形与背景的色彩明度差别大，而不容易看清的品牌标识图形与背景的色彩明度差别很小。（图2-102、图2-103）

（六）对比关系

合理地使用色彩对比关系是色彩设计成败的重要因素。一般情况下，色彩对比关系处处都存在，同时还存在着色彩关系的特殊性。非彩色有明度的特性，非彩色之

图 2-101：商业摄影师标识 /Cameron Smith/ 美国 / 标识灵感来自色彩感知测试卡。大大小小的圆点，通过色彩的有序组织，凸显出字母 M 的造型

图 2-102：贸易公司标识 /Goran Patlejh/ 南斯拉夫 /1994/ 利用剪缺手法，仅用两种颜色就表现出立体空间变化

图 2-103：2016 年东京奥运会标识 / 五彩色条意向是把体育和文化、城市与自然、日本和世界、世界与和平联系在一起

图2-101

图2-102

图2-103

间可形成非常多样的明度对比关系；彩色同时具有明度对比、色相对比、纯度对比和综合对比等关系。有彩色与非彩色之间，也可形成非常多样的明度对比、纯度对比及综合对比等关系。此外，色彩间还有冷暖、进退、涨缩、厚薄等感知方面的差别，也就必然形成冷暖对比、进退对比、涨缩对比等，因此，研究色彩对比的特殊性就显得更加重要。

　　一幅成功的品牌标识设计总是既有调和又有对比，只有这样才能产生良好的总体色彩效果，使人感受到美的力量。色彩调和容易形成统一的色调，以加深观者的色彩印象。但在品牌标识设计中，两种过于接近的色彩搭配既不醒目，又缺少美感和吸引力。只有拉开色彩色相、彩度或明度的距离，才能形成强烈的视觉效果，所以品牌标识设计中要多强调色彩的对比作用。

（七）情感联想

　　色彩能够表现情感。色彩使人们结合自身经验，产生心理联想，使色彩的表现性大大增强。品牌标识设计通过巧妙地运用色彩的情感联想，充分发挥色彩的作用，能唤起人们的情感，引起人们的注意和兴趣。

　　红色——热烈、辉煌、兴奋、热情、青春、喜庆、活跃、吉祥
　　橙色——华丽、健康、温暖、快乐、明亮、兴奋、甜美、温馨、成熟
　　黄色——富丽、崇高、尊贵、光明、快乐、香甜、希望
　　绿色——春天、健美、安全、成长、新鲜、和平、新生、安宁
　　蓝色——安详、理智、开阔、冷静、幽静、凉爽、远大、深沉、清洁
　　紫色——高贵、优越、优雅、神秘、细腻、美妙、吉祥、浪漫
　　白色——明亮、高雅、神圣、纯洁、坚贞、安静、纯洁
　　黑色——严肃、庄重、坚定、深思、刚毅
　　灰色——雅致、含蓄、谦和、平凡、精致、中庸

　　色彩的情感作用虽有规律可循，但重要的是要灵活运用。色彩不是孤立存在的，一种色彩情感的形成，是与周围色彩的影响相关联的。（图2-104、图2-105）

图 2-104：美国洛杉矶 Los Angeles 标识牌

图 2-105：美国大西洋城的 Atlantic City 标识牌

图2-104

图2-105

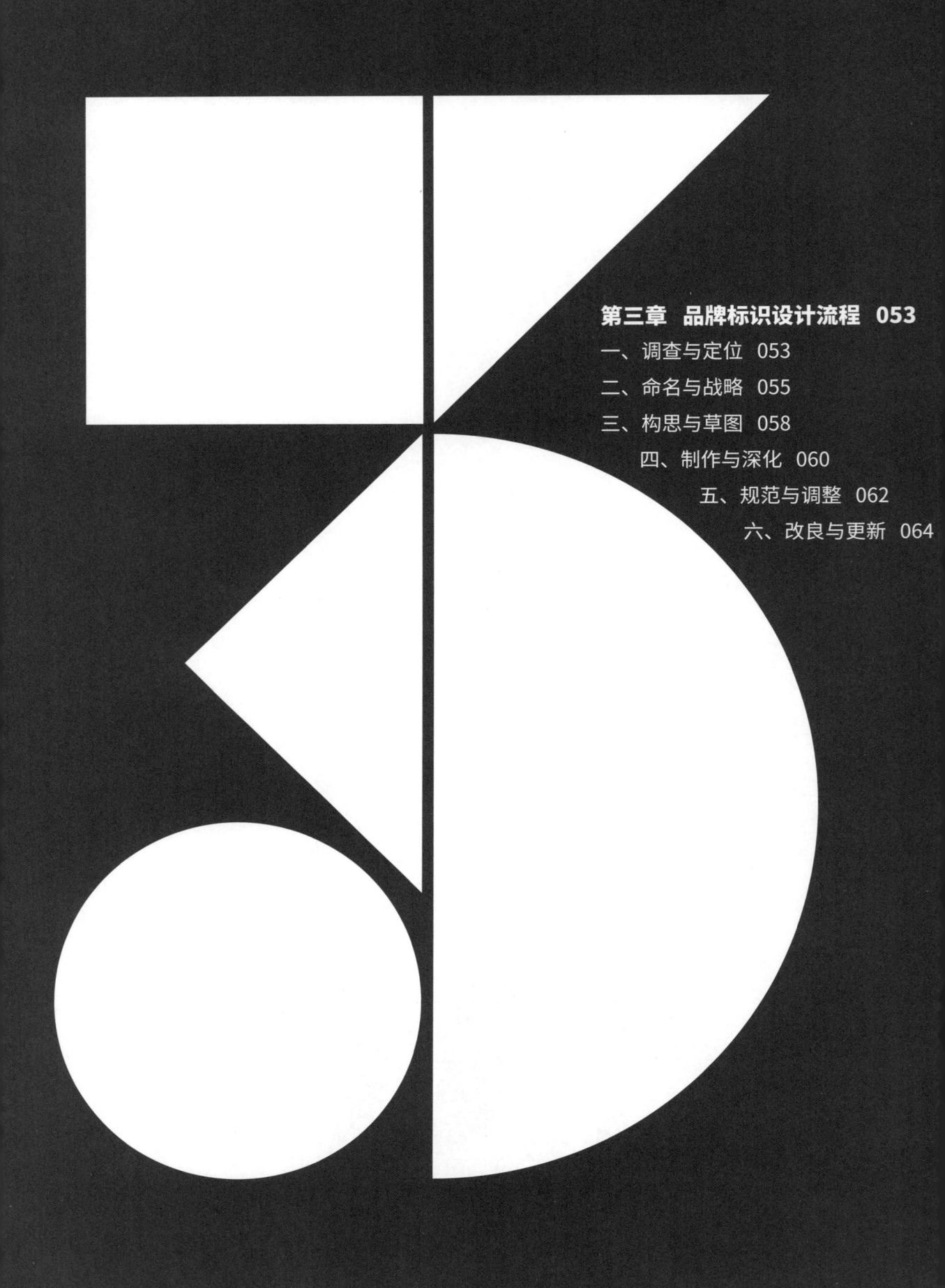

第三章　品牌标识设计流程　053

一、调查与定位　053

二、命名与战略　055

三、构思与草图　058

四、制作与深化　060

五、规范与调整　062

六、改良与更新　064

第三章 品牌标识设计流程

经典的品牌标识设计既满足行业的标准，也有审美价值，更能体现企业和机构的使命、远见、目标市场、企业文化、竞争优势、力量爆点、市场战略，以及未来的挑战。客户会谨慎聘用那种能够理解自己行业的设计公司，以确保设计师的设计能够与自己的行业战略和目标相吻合。

一、调查与定位

设计师在展开品牌标识设计前，首先要对设计对象进行充分的调查研究。品牌标识设计的市场调查就是收集、评估那些影响到受众在产品、服务和品牌上进行选择的各种数据，用来把握市场各个层面潜在消费者和现有消费者的态度、感知和行为。调查的结果常常会显示出未来设计的一些切入点。设计师所要了解的问题大致可归类如下：设计对象的经营范围、服务性质、经营理念，设计对象的性质、规模、历史、地理环境，设计对象的知名度、市场占有率、设备、人员情况、产品销售区域，设计对象对品牌标识或企业形象整体设计的期望值，设计对象受众阶层年龄、性别、职业、特点等，设计对象远景规划、近期目标，竞争者等相关情况。

120 Pies是一家数字图书出版社，它的经营理念是将其维护和出品的数字产品像纸质书籍一样发布出去。他们希望自己的标识能够一直出现在其出版的电子书封面上，因此设计师认为，通过创造一种包含与电子书籍的种类或故事相关的各种"脚"（pies在西班牙语里的意思是脚）来展现品牌差别不失为一个好主意。（图3-1）

图 3-1:120 Pies 多形态标识 / 整个品牌建立在工匠制作材料和数字化最终产品的平衡上。设计师设计了一个插图标识，并在电子书封面上采用传统的插画和手写字体，同时结合了现代字体，利用一种非常真实的网站排版来支持产品的数字优势

图3-1

在对设计对象有了全面了解后,设计师可对消费市场上竞争对象的品牌标识加以收集、整理、分析,从中比较各种品牌标识的优缺点,甚至进行市场调查,让消费者评价,获得较客观的数据,并从中分析消费者对题材、造型要素、构成原理、表现形式的好恶程度,以此作为设计工作的参考。

上海科技创新资源数据中心(SSTIR)是按照上海建设全球有影响力的科技创新中心的总体要求,聚焦科技服务产业发展需求,通过大数据、云计算、互联网+等技术手段,从而提高全社会创新服务效率,推动科技研发服务产业的快速发展的机构平台。在科技创新进入大数据驱动的颠覆性变革时代,SSTIR希望通过更新自己与时代同频。(图3-2)

元则上品牌战略咨询集团的设计团队以"创新流动,突破边际"为核心内涵,以 innovation 中的i为连接点,传达了SSTIR四方面的创新跨越域:从数据到创新、从单点到全局、从上海到全球、从成长到守护。设计师将数据与创新巧妙结合,创造了完美展现出创新精神的全新的品牌标识、字体、视觉识别系统。这个简单、灵动的个性设计在所有方案中脱颖而出,带给用户非凡的视觉体验,帮助客户创造更有具影响力的品牌价值。(图3-3—图3-6)

图 3-2:上海科技创新资源数据中心品牌升级标识 / 元则上品牌创意咨询 & 设计 / 最终定稿方案是以图文融合方式呈现,为动态标识,以流动的 i 与代表能量场的框来打造上海科技创新资源数据中心新的品牌形象

图 3-3:上海科技创新资源数据中心品牌升级方案一 / 以数据流动、价值转化为基础,体现汇聚多元,集成数据资源赋能科创产业

图 3-4:上海科技创新资源数据中心品牌升级方案二 / 这个标识运用文字的图形化处理,突出上海科技创新资源数据中心的简写形式,体现平台多元融合、互流互通

图 3-5:上海科技创新资源数据中心品牌升级方案三 / 图形由不封闭的矩形与 S 组成,寓意立足上海,聚合全球资源,勇于探索,赋能未来

图 3-6:上海科技创新资源数据中心品牌升级方案四 / 该标识的图形部分由两束光线汇聚而成,代表着汇聚科技创新和数据地一体,传播智慧与技术,做连接数据与服务的平台,赋能数据,赋值未来

图3-2

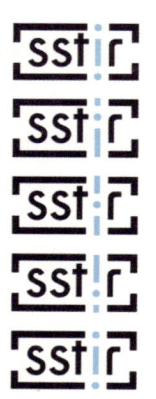

图3-3

图3-4

图3-5

图3-6

二、命名与战略

　　品牌标识是品牌名称的图像版本，它们是借由视觉语法的设计来产生与名称同样的意指符号系统——名字。企业名称通常是消费者或任何企业对象用来记忆企业最直接的线索。无论是否蕴含企业理念的意义，或字眼本身是否为有意义的词汇，名字往往是设计师必然会考虑选用的意指符号。整合了名称字形的识别品牌标识，可以同时展现视觉与口头语言的传达效果，让企业对象在口头传达时，能对品牌的推广与记忆有所帮助。因此企业往往直接以品牌名称作为品牌标识。恰当的名称具有自我宣传的潜力，能够带来快速的传播效应。（图3-7、图3-8）

　　作为口碑能指符号，品牌名称在品牌识别中扮演定锚的角色，对企业或产品影响深远。一个好的品牌名称，应具备以下特点：容易发音、容易读写、容易记忆、意义清楚、受法律保障、与竞争品牌不雷同、无负面联想等。

图 3-7：上智云图标识 / 该标识是出版机构的子品牌，其传播理念概括为"上智达道，云图慧生"。其中"上智"强调解一悟百，通达明理，并且能把道理付诸行动，并在实践中去感知，"上智"可"达"大"道"。"云图"喻书籍文章，强调文章为天下之心，有万象"云图"，智慧可以生生不息

图 3-8：南番顺餐饮店标识 / 中华人民共和国澳门特别行政区 / 品牌命名带有明显的地域特色

图3-7

图3-8

"智耕苑"食品安全主题学术文化空间由上海交通大学"双一流"大学文化建设项目专项支持。空间以"从田头到餐桌，从历史到未来"为主线，聚焦食品全产业链的安全保障、环境生态、人类健康领域，重点展示国内外食品安全监管发展历程、农产品生产源头环境安全、现代农业与食品产业先进技术以及农业与生物学院的多项科技成果。空间最终以"智耕苑"命名，成为向上海市民开放的科普平台，兼顾学术交流、科普教育和休闲体验等功能，以期为食品产业的高质量发展提供信息和技术支撑，为国家美丽乡村建设贡献力量。该品牌标识根据品牌名称，取汉字"苑"作为元素进行图形化设计，"草"字头运用了象征互联网元素的"+"，下部用两片叶子进行形变，象征着农业与生命。（图3-9—图3-13）

图 3-9：" 智耕苑 " 学术文化空间标识 / 周韧

图 3-10：" 智耕苑 " 学术文化空间标识 / 周韧 / 标识在环境灯箱上的应用

图 3-11：" 智耕苑 " 学术文化空间标识方案一 / 周韧 / 以汉字 " 耕 " 为图形元素，包含了象征农业的井、田与互联网的 Wi-Fi 符号，体现了农业与科技的结合

图 3-12：" 智耕苑 " 学术文化空间标识方案二 / 周韧 / 以象征农业的树叶图形与互联网的 Wi-Fi 符号相结合，Wi-Fi 与叶脉自然同构，体现了农业与科技的结合

图 3-13：" 智耕苑 " 学术文化空间标识最终方案初稿 / 周韧 / 以汉字 " 苑 " 作为元素进行图形化设计，"草"字头是象征互联网元素的 "+"，下部用两片叶子进行形变，最终在此基础上优化后成为终稿

图3-9

图3-10

图3-11

图3-12

图3-13

从识别的逻辑来看，一个企业的名称理应是品牌识别系统结构的一部分。如果不选择文字式品牌标识，企业往往也会选择在图案式品牌标识中安插前缀或缩写字母以强化识别度。文字作为名称结合品牌标识的识别形式非常多见。当然，并非所有的企业都会将自己的名称放入品牌标识中，其中考虑的因素为：如果企业名称语意的视觉符征极为明显且众所皆知，往往便不需再赘饰文字。例如壳牌（shell）石油，直接使用扇贝图案来传递企业名称，是最明确不过的识别图案了，设计师若再于扇贝的形素上组合S的符号，就显得多此一举；企业名称若语意不明确或属于非表意性词汇，如人名等，难以寻得具备共通的知觉意义符征时，文字符号似乎就成了重要的联想与记忆线索，除非品牌方期望借助某些精神性的象征符号，将识别品牌标识的心理投射转移至某一特定的形象概念做象征意义的隐喻，否则文字的使用或部分选用会是较易建立传播效果的手段。（图3-14、图3-15）

图 3-14：*NIGHT SHIFT* 杂志专栏标识 / 标识运用了图文综合的表现手法，运用黑白插图的透叠形式表达夜间的场景感受来体现 *NIGHT SHIFT* 杂志的风格

图 3-15：*NIGHT SHIFT* 杂志专栏标识草图 / 设计师一开始就明确了运用具体场景进行设计的构思，在草图的勾勒变化中形象逐渐变得明确，经过疏密关系对比的调整确定了最终的方案。这一案例清楚体现了标识设计从草图到完稿、从模糊到清晰、从构思到成熟的设计过程

图3-14

图3-15

三、构思与草图

  构思过程是把感受提炼、凝结的过程，通过对调查收集的材料进行整理和归纳，求得创意突破。它主要解决的问题是：品牌主要的特征是什么？品牌最具有代表性的东西是什么？用什么方式去象征？我们在小小的方寸之地不可能把所有的调查材料都概括进去，但每个方面都可能成为设计师创意的出发点，也许是外形、功能、生产流程，也许是地理环境、远景规划等，这些都可能触发设计师的灵感。灵感不是凭空产生的：一靠调查的准确性和深度；二靠平时的知识积累，包括了美学、历史学、语言学、符号学、人类学、营销学等多方面的知识积累；三靠艺术表现技巧，离开它就不能准确表达自己的构思；四靠经验的积累，应当从实践中掌握规律。

  根据对品牌情况的了解及从市场调查中获得的有关资料的分析结果，设计师可以确定设计的创意方向，进行意念开发。（图3-16）

  设计草图是把思维活动变成具体创作的一个步骤。品牌标识设计不同于艺术家的创作，艺术家的创作是一种自我表现的过程，而品牌标识设计的表现则要受很多的限制，要以企业或品牌精神理念为依据，以受众对象的理想和认同为原则，以表现技法为手段，以强烈的个性为目标。品牌标识设计最好能从文字表现、形象化表现、综合表现等各种思路中画出大量草图，然后从中筛选、深化，不要一开始框在某一种表现技法之中。草图阶段还是要强调用手工来表现，因为脑和手是联系在一起的，它们之间的默契是任何东西都代替不了的，而且用手画的线充满情感，随心所欲，许多灵感是在描绘草图的过程中产生的。（图3-17、图3-18）

图 3-16：JEFF FISHER 图形设计师个人标识及草图 / 澳大利亚 / 标识构思从一开始的正面火车头的造型到最终选择火车侧面表现，其过程始终体现了设计师对动力的追求。设计师最终用 LOGO 替换了滚滚车轮

图3-16

图 3-17：CAJA ESPANA 标识的草图演变过程 / 美国 /SIEG GALE/ 从模仿毕加索的牛头造型到以整头牛作为设计方向，从单线勾勒的牛的侧面到双线勾勒的构思，再到粗线条轮廓的效果，我们可以看到，草图把作者的思维一步步引向深入

图 3-18：婚姻家庭研究所标识及草图 / 围绕着婚姻、家庭、研究机构三个构思的方向，设计师从代表家庭的房子到代表爱情的心形，甚至表示联结关系的捆绑形式都成了设计师发散思维的着眼点，最终设计师找到了完整体现自己诉求的表达方式。从四幅草图中我们可以看出，"心"元素是设计师始终坚持的设计方向

图3-17

图3-18

设计构思可以从以下几个方面展开：
❶ 以企业或品牌的名称为创意构思；
❷ 以企业或品牌名称首字为创意构思；
❸ 以企业或品牌名称的含义为创意构思；
❹ 以企业或品牌经营理念为创意构思；
❺ 以企业或品牌与西文首字母组合为创意构思；
❻ 以企业或品牌与西文首字母及图形组合为创意构思；
❼ 以企业经营内容或产品形态为创意构思；
❽ 以企业或品牌的传统或企业所在地的地域特色为创意构思。

四、制作与深化

产生大量的设计方向后,设计师可从中选择富有创意的作品广泛征求意见,特别是受众的意见,做进一步的调整,对面积、大小、间距、结构、比例、粗细等方面进一步比较,看情趣组合是否适宜,夸张变化是否过分,以及与其他要素的组合是否和谐,最后确定一至两个最佳方案,做如下方面的对照:立意是否准确,是否具有代表性;造型要素是否简洁、醒目和美观;品牌标识是否具有独特的个性,是否有巧合的可能性;品牌标识的适应性是否强,图形及色彩是否有忌讳,是否便于广告传播;译成外文是否可行;现有工艺是否可达到其制作标准,放大及缩小效果如何;是否具有品牌标识的延展性。之后,设计师再根据检验做进一步提炼,对品牌标识设计做细化和改进。精选提炼后的部分品牌标识进行形式上的归类,并做出相应模拟应用效果图提交相关人员审阅,在有条件的情况下尽可能多地邀请有关专家,听取设计管理、经济管理、消费群体、商标管理等多方面的反馈意见,并进一步与同类企业标识或产品进行对比,检阅其独特性、可行性。

品牌标识的使用范围非常广泛,其图形的运用范围大至十几米的户外广告,小至几厘米的名片,设计师必须考虑品牌标识的适应性及组合规范,确保品牌标识在不同使用中的准确性和一致性,因此,设计师制作标准图要有正确、详细的尺寸,如标注图形各部分的比例关系、圆心、半径、弧线的起止和连接及弧度,以及种种图形中的细节问题。(图3-19)

品牌标识设计的正稿制作多由设计师用电脑来完成,它的优点在于更精确,更容易修正,而且可以通过网络直接传递,在各种宣传媒体的运用中无论是放大还是缩小都不会影响品牌标识的准确性。在草图完成之后,用扫描仪将草图输入电脑,置入绘图软件用以对照描摹。品牌标识的标准制图是必要的准备工作。(图3-20、图3-21)

图 3-19:英国滑雪联合会标识 / 标识使用了旋转、对称的方式进行了图案化的表达

图 3-20:身着英国滑雪联合会运动服的滑雪运动员 / 红蓝两色的对比鲜艳而醒目,在白雪皑皑的环境里分外引人注目

图 3-21:Philadelphia 标识 / 美国费城的导视牌

图3-19

图3-20

图3-21

常见的制图法有如下几种。

❶方格标示法：在正方格子线上配置品牌标识，以说明线样宽度、空间位置等关系。（图3-22）

❷坐标标示法：依据水平、垂直两个坐标确定造型边缘各关键点的位置，以此作为复制的参考，是一个适合特异形状的制图方法。（图3-23）

❸比例标示法：以图案造型之整体尺寸，作为标示各部分比例关系的基础。（图3-24）

❹圆弧、角度标示法：为了说明图案造型与线条的弧度与角度，以圆规、量角器标示各种正确的位置，是辅助说明的有效方法。（图3-25）

上述是品牌标识常见的制图法，其共同特点是以数值化分析为前提，尽量使各个单位尺寸能方便标准化作业。

图 3-22：方格标示法制图
图 3-23：坐标标示法制图
图 3-24：比例标示法制图
图 3-25：圆弧、角度标示法制图

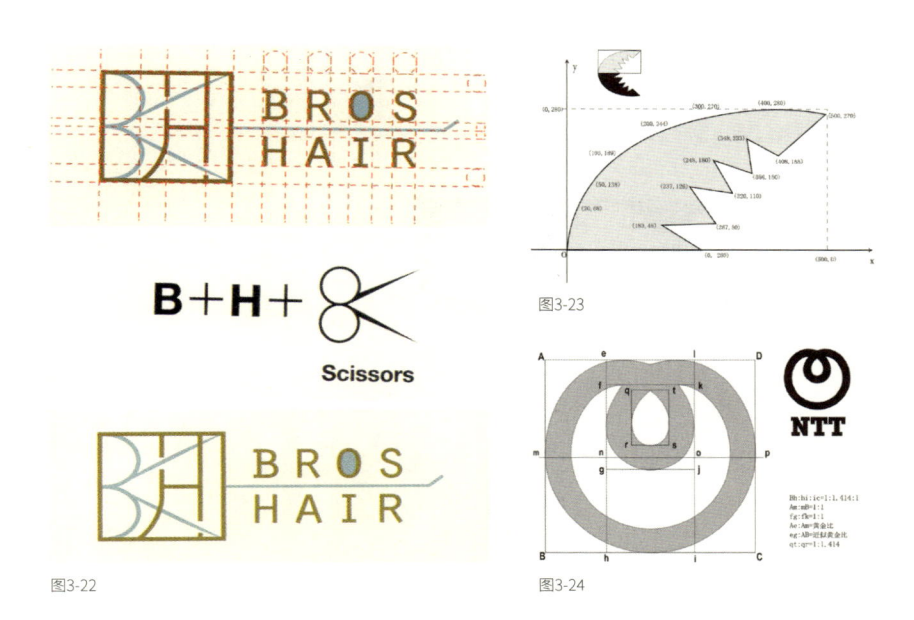

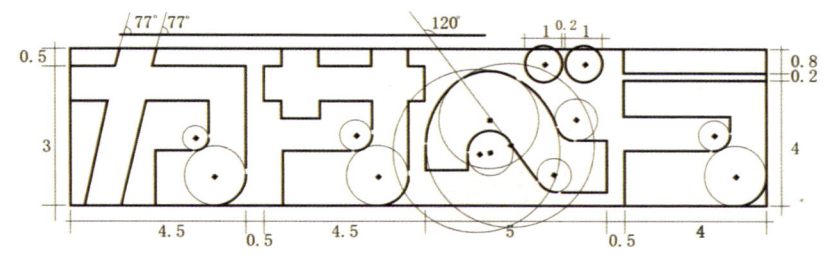

图3-22

图3-23

图3-24

图3-25

五、规范与调整

当品牌标识的造型确定后,为了确保品牌标识在不同观看环境下造型的严谨、准确和完整,还需要将品牌标识做精细化微调,以取得视觉上的和谐或对比,使品牌标识更为精细和完美。例如在品牌标识图形放大或缩小中,用同样粗细的线条的品牌标识,视觉上会有横粗竖细的错觉;不同颜色在一个品牌标识中,视觉上也会有不同的刺激。规范处理主要是指把特殊的形态变换规范应用于整体视觉传播手册上。规范与调整的范围应包括以下几个方面。

(一)视觉修正

这一步是指对品牌标识造型进行最后的调整修改,使其各构成要素达到最完美的形态。有些品牌标识在规定尺寸下有完整的视觉传达效果,由于在不同的环境使用情况下会有不同的干扰因素,因此品牌标识可以根据需要设计修正形。如奥运会五环标识,由于五色之间明度差异较大,相同粗细的环看起来粗细不均,为了视觉的舒适平衡,设计师将五色环的粗细做了适当调整,其比例为1∶1.3∶0.92∶1∶1。由于光渗现象和印刷油墨的扩散,五环图形交叉部分会显得较粗重,该标识在制作时将交叉处向里微收,夹角处显得更加自然。(图3-26、图3-27)

图3-26 图3-27

(二)尺寸规范

品牌标识在应用时常常需要缩小,当缩小到一定尺寸时,容易出现模糊不清、粘成一团的现象,这对企业形象的传播非常不利。为了确保品牌标识放大、缩小后的同一性,设计师必须针对品牌标识应用时的大小尺寸制定详尽的规定,如规定品牌标识缩小使用的最小尺寸,对品牌标识缩小时做造型、线条、粗细的调整等对应性设计,以杜绝随意缩小,破坏原有造型特征的情况出现。如美能达标识中的线条设计是最吸引人的部分,准确地反映了美能达公司所从事的光学仪器行业的特点。然而当标识缩小使用时,中间的五条白色线会变得模糊,为此设计师做出了修正方案,下图中标识从左向右直径依次为16CM以上、16CM、16CM以下3种情况。(图3-28)

图3-28

图 3-26:奥运会标识(彩色稿)
图 3-27:奥运会标识局部(黑白稿)
图 3-28:美能达/该标志设计中的线条设计是最吸引人的部分,准确地反映了美能达公司所从事的光学仪器行业的特点。然而当标志缩小使用时,中间的五条白色线会变得模糊,为此设计师作出了修正方案,图标识从左向右直径依次为 16CM 以上、16CM、16CM 以下 3 种情况

（三）变体设计

品牌标识应用的范围非常广泛，其中又以各种印刷品出现的频率居高。针对印刷方式的不同、各种媒体的需要以及作业程序的限制，设计师需要制作各种变体设计，发挥灵活运用的延展性，以适合不同的设计表现。一般品牌标识设计的变体表现形式有下列几种：进行粗细线条的变化，进行彩色与黑白的变化，进行正形与负形的变化，进行线框空心体的变化，进行网纹、线条等变化。（图3-29）

图3-29

（四）组合基本要素

按照品牌标识与企业名称、品牌名称标准字的组合，品牌标识与企业名称、品牌名称标准字以及企业造型的组合，品牌标识与企业名称、品牌名称标准字以及企业口号的组合，品牌标识与企业名称、品牌名称标准字以及企业全称、地址、电话的组合等不同单元，设计师可把各种要素做横排、竖排、大小、方向等不同形式的组合，并注意组合中要达到构成上的均衡感、合理的比例及协调的空间关系。在字体家族、色彩体系和次级视觉因素上的确定，都要在这一阶段完成。（图3-30）

图3-30

图 3-29：Smash TV 公司标识／专营 Web 类儿童节目设计／为了方便使用，作者设计了轮廓版

图 3-30：静安投资公司标识／徐宸熹／创意来源于中国传统文化中的中国结造型。标志的中文专用字体为原创字体，稳健扎实的风格体现了静安投资的公司形象。而配合的专用英文字体则选用了具有古典气质的现代字体，以配合标识图形部分的深厚文化底蕴，达到了识别性和内涵的完美平衡

六、改良与更新

时间改变着我们思考和观看事物的方式。品牌标识不像时装那样需要经常更改格调，带动流行，品牌标识设计追求的是卓越和永恒，应该随时代的变化而更新发展。1945年以后，美国率先对一些名牌形象的品牌标识进行变革，以顺应时代的潮流。20世纪50年代初期，美国计算机巨头IBM公司，深感旧式风格已无法表现现代高科技产品的精神，为了开发出一种崭新的企业形象，聘请设计权威将公司全称浓缩成I、B、M三个字母，并进一步完善了视觉设计系统，使IBM成为"前卫、科技、智慧"的代名词。（图3-31）

3M公司从1906年第一次变革原有标识开始，经历了近30次的改良设计，才形成了今天的标识形象。随着公司规模不断扩大，标识却变得越来越简单。这说明，品牌标识设计必须随着时代的变迁而变化，才能注入新的生命力，为企业与商品传递其特有的文化信息。（图3-32）

图 3-31：为了达到更收敛的视觉效果，比如用在法律文件和产品证书上，IBM的品牌标识被设计成了带有13道横纹的样式。在遇到印刷、压纹、模切、雕饰等技术问题时，设计师会根据实际情况决定是用8道横纹还是13道横纹。在大多数情况下，人们更喜欢用8道横纹
如果需要更加低调一点，那么可以将它调灰，这样它在明度值上就接近13道横纹的版本了

图 3-32：3M 公司标识 /Siegl Gale/ 1951—1977 年间的标识演变

图3-31

图3-32

完全抛弃原有的品牌标识造型，重新根据企业理念或商品定位进行崭新的视觉形象设计，这一般发生在企业发展情况不利或原有品牌标识太过老套导致不能准确表达其内涵的情况下。这就需要企业以较高的经济代价和行动培植新品牌形象。（图3-33—图3-36）

品牌标识系统显示出一种内在的弹性，以适应多种多样的市场推广和传达方式，确保各种传达与时俱进、贴切恰当。设计师需要考虑的是品牌结构怎样获得弹性，新的品牌标识能否适应品牌在未来的发展等问题。一家企业在未来会提供什么样的新产品和新服务，这是任何人都不能绝对断言的，然而，设计师需要预见并创建一个富有弹性的基本品牌标识，以适应未来的发展。一个有效的品牌标识会为企业未来的成长变化定位，同时它应用在网站、广告、内部刊物、销售推介和各种产品的市场推广及种种营销手段上同样有效，不断支持市场战略。一个富有弹性的品牌识别系统不会把企业局限在现有的产品和服务范围内，它应该有很长的触角，这就意味着它作为一个持久和富有弹性的体系可以适应新的业务、新的产品。

图3-33:联合利华的新标识 / 沃尔夫·奥林斯设计公司 / 联合利华销售400种食品、家庭护理品和个人护理品，表达的核心品牌创意与公司使命相吻合："为生活带来活力"

图3-34：联合利华的旧标识 / 这是联合利华品牌确立时期设计师常用的抽象表现形式

图3-35：哥伦布腊肠的新标识 / "五角星"设计联盟 / 哥伦布腊肠的标识得到了重新定位，以吸引更为成熟、层次更高的消费者

图3-36：哥伦布腊肠的旧标识 / 用哥伦布的形象作为标识已沿用多年

图3-33

图3-34

图3-35

图3-36

第四章　品牌标识创意方法　**067**
　　一、创意思维的构成　067
　　二、创意方法　070

第四章 品牌标识创意方法

一、创意思维的构成

现代品牌标识图形展现出丰富多变的形态，洋溢着设计师富于创造性的思想。当我们接触一幅优秀的品牌标识时往往会禁不住拍案叫绝，那么这些作品是如何创作出来的呢？品牌标识意的思维过程是什么样的呢？品牌标识创意的创作过程可以分为两个步骤：联想和想象。

联想是品牌标识创意的起点，只有把与主题相关的各种形象元素寻找出来，找到了恰当的元素，才有进一步去处理元素、塑造形象的可能性。设计师通过联想获得表现素材，下一步则要通过想象对素材进行深层次的处理，创造出符合创意要求的新形象。想象的过程又分成两步：解构和整合。解构是对元素的分析，寻找创意的突破点。整合是在解构的基础上，对已有元素进行打散重组，通过具体的图形表达方式创作出新的图形形象。创意思维是多种思维的综合表现，它是直觉思维与分析思维、发散思维与聚合思维、抽象思维与形象思维的结合，同时离不开创造性想象。（图4-1、图4-2）

（一）直觉思维与分析思维

直觉思维依靠直觉突然看到解决问题的途径，预感到问题或情境的意义和结果，直接指向目标，没有明显的分析活动和严密的逻辑推理。在创造思维中并非要按照某种步骤去机械地思考问题，这恰恰容易禁锢想象力。创造思维中也包含直觉、灵感、潜意识、顿悟等成分，它们较少明显的规律性。分析思维即逻辑思维，遵循规律，逐步推导，最终做出合乎逻辑的结论。在品牌标识创意的过程中，直觉思维拓展联想的广度、想象的极限可能性；分析思维使想象更具合理性，同时对方案的选择提供评判的依据。

（二）聚合思维与发散思维

创意思维也是一种以发散思维为核心、以聚合思维为支持性因素的、将两者有机结合的操作方式。（图4-3）

图4-1：个人标识／衬底的运用使人物造型个性十足
图4-2：环境日标识／日本／标识赋意于形，表达了人类对环境问题的思考，打破常规的束缚
图4-3：环境保护协会标识／奥地利／通过发散思维，聚合形态

图4-1

图4-2

图4-3

聚合思维即根据已有信息做出唯一正确的答案，遵循归一的模式求取答案。发散思维指能从多种设想出发，不按常规寻求变异，使信息朝着各种可能的方向辐射，多方面寻求答案，从而引出更多的信息。发散思维是创造性思维的核心，它具有流畅性、灵活性和独特性。流畅性指在限定时间内能产生出较多的解决问题的方案，反应迅速；灵活性即变通性，指对某个给定的问题产生可供选择的多种解决方案，思维变化多端，不易受习惯定势的影响；独特性指产生不寻常的反应和打破常规的能力，表现为观点新颖，别出心裁，是创造性思维中最重要的特点。

（三）抽象思维与形象思维

抽象思维是运用抽象的概念、理论知识来解决问题。

形象思维是利用头脑中的具体形象来解决问题。

创意思维要求两种思维的能力都必须达到一定的阈限。在品牌标识创意中，形象思维是主导的，意念最终都要落实到形象上来。但这并不等于说不需要抽象思维，对最初信息的理解、象征形象的发掘都离不开抽象思维。（图4-4—图4-9）

图 4-4：Gambrinus 公司标识
图 4-5：奥伯里夫妇美发公司标识 / 伍迪·皮尔托 / 梳齿间隐含着 HAIR 字样，形态组合巧妙、自然
图 4-6：智力工作股份有限公司标识 / 日本
图 4-7：鞋店标识 / 布满鞋子的手提袋作为鞋店的标识，表意直接
图 4-8：沙特新未来城 NEOM 城市标识 / Landor&Fitch
图 4-9：设计公司标识 / 墨西哥

图4-4

图4-5

图4-6

图4-7

图4-8

图4-9

创意品牌标识设计中的"形"和"意"主要有以下关系。

❶ 一形多意：一形多意是指一个形态表达多种含义。"一形"指相对完整独立的形，"多意"指组合后形成多个意义。如中国邮政品牌标识，是用中国古写的"中"字与邮政网络的形象相结合，归纳变化而成，并在其中融入了翅膀的造型，使人联想起"鸿雁传书"这一中国古代对信息传递的形象比喻，表达了服务于千家万户的企业宗旨以及快捷、准确、安全无处不达的企业形象。

❷ 一形一意：一形一意是指一个形态一种含义，常用于公共信息符号，如交通、家电品牌标识，以及生产安全品牌标识等，图形简练、清晰、醒目，在时间短、距离远的条件下能清楚识别。（图4-10）

❸ 多形多意：多形多意品牌标识是指由多个单一形象通过组合形成多个概念。（图4-11）如北京2008奥运会申办标识含义：五大洲的和谐发展携手共创新世纪；主办国的地位象征；传统体育太极人形，外柔内刚，富含哲理。（图4-12）

❹ 多形一意：多形一意标识指多形集中，加深表现内涵，综合后产生一个概念。（图4-13、图4-14）

图 4-10：埃及旅游标识 / 埃及
图 4-11：谢晋影视艺术学院标识 / 赵志勇 / 标识中含有多个概念，如谢晋的英文首字母 X 与 J，胶片和影视的寓意转换，通往明星的星光大道，属多形多意标识
图 4-12：北京 2008 奥运会申办标识 / 多形多意标志
图 4-13：动物交易商标识 / 奥地利 / 多种动物的对比组合来表达动物的贸易集散，属多形一意标识
图 4-14：篮子制作公司标识 / 通过篮子的趣味形态，示意了企业的属性，属多形一意标识

图4-10

图4-11

图4-12

图4-13

图4-14

二、创意方法

品牌标识设计既是图形设计的一个方面，又是图形设计的浓缩，是抽象内涵的具体表达，是具体内容的抽象升华。当代的图形设计，如当代艺术一样，早已进入了一个多维的创造空间。平面设计艺术家早已不再满足于仅仅在二维空间的平面上表达自己的理念和情感，而是将其创意的触角扩展到三维乃至更多维的空间之中。品牌标识设计常用的创意方法有以下几种。

（一）正负反转

正如中国古代太极图所传达的阴阳反转，以黑计白，以白计黑，图亦是地，地亦是图，互相依存的两个部分不仅形成了新鲜、明快的视觉效果，而且充分利用了空间。所谓正形是指画面中被认为是图的部分，它从背景中分离出来，具有积极的意义。与此相对的是负形，即图之外的背景部分，通常它没有实际意义，是消极的。由于我们的视知觉具有整体性、组织性、封闭性和选择性，根据格式塔心理学所揭示的认知规律，我们知道大脑在对视觉元素进行感知时依照相似性法则、接近性法则、连续性法则和共同方向法则从整体上感知元素，当一组元素与记忆中的某种形态相近时，大脑会将它们作为某一图形形象从背景中分离出来，成为正形，而不能判别形态意义的部分则被作为背景，即负形。（图4-15—图4-17）

正形和负形有时并不是固定不变的关系，在特殊情况下会出现逆转。当画面中各个部分都与某种事物形态特征相似时，在观察的视觉中心改变时就会出现原先的负形成为有意义的正形，而原先的正形变为了背景。1920年，丹麦格式塔心理学家爱德嘉·鲁宾创作了一个著名的图形：鲁宾瓶。在这幅画面中，当视觉中心停留在白色部分时，人们看到的是一个花瓶，黑色是背景；当视觉关注点在黑色时，黑色部分的形状很容易使人识别出两个相对的人的侧面，此时白色成了背景。在这样一种画面中，正形与负形传达力相等。

图 4-15：动物安置组织标识／黑狗的形态之下隐现白猫造型，在这里，草丛的刻画起到了较为关键的衔接作用，保证了正负反转的合理性

图 4-16：北美内部银行标识／银行英文首写字母 B 的负形空间显现出数字"1"的造型，两者结合紧凑，充满智趣

图 4-17：Brightlines Iranslation 标识／英国／英文首字母 B 的负空间显现标点的造型

图4-15

图4-16

图4-17

品牌标识设计中如能恰到好处地巧妙运用正负形，也可达到以一当十、简洁高效的目的。在具体应用中应注意保持"图"与"底"各自形状的完整性和明确性。在品牌标识创意中，正负形共生带有视觉心理上的不确定性，具有动感。正负形最大限度地利用了画面，使结构非常紧凑，在品牌标识设计中应用广泛。

（二）异形同构

异形是指不同的形象。异形根据内在联系按一定的目的重新整合形成新的形象或结构，可以赋予图形新的含义，其关键在于各组成部分的合理选用与重构后图形的合理性和完整性。异形同构是指将两个以上的物形各取一部分拼合成一个新形象的图形构建方式。拼置的组合方式有两点需要注意：一是原形中保留下来的部分应是特征性的，保证原形能被受众判断、识别出来；二是拼置连接的过渡部分要自然，组成的新形象具有视觉上的完整性和合理性。好的同构效果一般要求两个以上的物形在形态上有一定的相似性而在意义上具有差异性。这种造型方式的难点在于元素的选择要象征意义准确、联想新颖、组合结构自然合理。（图4-18—图4-23）

异形同构的标识形态经常表现为设计符号修辞中影响最为广泛的修辞类型——视觉隐喻。设计师可利用这种最为普遍的修辞方法，通过类似性符号的象征意义，传达功能的语义。异形同构的标识形态也包括在设计中根据意念可将一种物体的材质嫁接到另一种完全不同的物体上去。通过材质特性来塑造的新的图形形象，转换中新材质与原材质差异越大，带来的视觉冲击就越强烈。

图4-18：得克萨斯艺术委员会标识 / 美国 / 画笔、五角星、乐器、胶片、芭蕾足部等代表艺术门类的元素分别代替了人的四肢和头部，产生了一个大步向前的新形象

图4-19：焦点解决方案标识 / 狗的眼部被发光的灯泡替换，产生具有新意的形象

图4-20：维多利亚难民基金会标识 / Katherine Chadwick / 澳大利亚 / 张开的象征援助的手和象征自由和平的鸽子相结合，准确地表达出维多利亚难民基金会的服务宗旨

图4-21：Lynton Crab摄影标识 / Grant Davidson / 澳大利亚 / 相机和螃蟹的同构趣味横生，为了保证视觉的合理性，两者进行了色调调和

图4-22：运动产品制造业标识 / 美国 / 代表运动的马头造型和代表制造业的齿轮同构一体，传达出特定的主题意义

图4-23：DENDY标识 / 大象与人体的异形同构正如西游记中的猪八戒造型，滑稽可爱

图4-18

图4-19

图4-20

图4-21

图4-22

图4-23

（三）形态共生

　　形态共生是将不同元素通过共享一些部分组合为一体，形式巧妙，富有装饰性。形态共生关系类似数学中的交集概念，甲乙图形产生正形相交结合，且交集是双方天然类似的某个局部，交集外的部分则各自保持相对独立。共生形态并不关注喻体，常常将多个本体的形态类似性局部进行合并，省略图形信息，起到以一敌多的效果。由于相同的符号一定具有相同形态的局部下位，故共生形态常常作为相同符号间省略元素的一种组合方式。如唐代敦煌莫高窟205号窟的藻井上三兔追逐的图案的精彩之处就在于采用了共生同构的方式，每个耳朵都有两只兔子共享，将三只兔子奔跑嬉戏的形态表现得趣味盎然。这种共生的造型方法不仅增加了图案的装饰效果，也起到传达信息的作用。共生形态之间相互依存、互借互生，形成一形多意、多形共生的有机整体，共生的紧密关系常常用来象征事物间互相依存的含义。（图4-24—图4-29）

（四）矛盾空间

　　矛盾空间图形建立在一些基本的矛盾结构上，如莫比乌斯环、彭罗赛三角棍架、魔鬼音叉、彭罗赛台阶等。这些矛盾结构利用了人的视觉关注中心有一定的局限

图4-24：母亲互助团队的标识／三位母亲相互扶携，互相支持，表现了母亲互助团队的服务宗旨。标识巧妙地共用妈妈的双臂，营造出团结互助的感人画面

图4-25：GK服务组织标识／G和K共用一笔，强调了二者不可或缺的紧密关系

图4-26：亚波拉罕基金标识／美国／同一条弧线被张开的双手共用，形成互补的形态，简约紧凑，富有情趣

图4-27：非营利组织标识／POM顾问组织／美国／标识巧妙地把POM归纳成交流者形态，其中对眼睛的共用体现出更为丰富的内涵，算得上是点睛之笔

图4-28：BUSH：PUTIN标识／两把椅子共用一条椅腿，现实中虽不存在，画面却可以自由表现。这种视觉的冲突，凸显了主体意义，增加了视觉上的魅力

图4-29：帮助无家可归者活动项目标识／美国／手指的形态也是栅栏的形态，张开双手帮助无家可归建造自己的家园正是该活动项目的主旨

图4-24

图4-25

图4-26

图4-27

图4-28

图4-29

性，对画面的不同部分采用不同的透视角度，对同一形态在不同视觉区域进行不同的空间界定，从而形成了看似合理、实则充满矛盾的画面空间关系。在这类图形中，画面的空间结构在二维平面中可以表现，但在三维世界中无法实现。在这方面荷兰版画家埃舍尔做了大量的尝试，他的许多作品都构造了充满迷惑性的空间，也展现了如何将基本的矛盾结构和具象的形态结合，为图形创意应用提供了丰富而直接的经验。（图4-30、图4-31）

（五）虚画图形

将一种物体形态的画面画在另一种物体上，使二维画面中的元素与画面承载物之间发生关系，产生虚实之间的错位从而达到新颖有趣、抒情达意的效果。虚画图形主要依赖人们的视觉惯性和视觉经验。尽管所要描绘的物象已被概括、抽象或不完整化，但由于保留了其中的一些基本的特征，使观者在看到这种形象时，会自觉地根据现存的模糊的、不完整的造型从记忆经验中搜取相关视觉特征的形象，将其补充完整，形成特指的具体物象。（图4-32—图4-35）

虚画图形的魅力也正是在于画面与载体的有机结合给我们的视觉带来虚实交融的新鲜感。虚画图形中，承载物不仅有自己的内容上的意义，还有着形态上的特殊性。由于承载物是具体的物，有自己的体量尺度、形状、肌理、结构等特征，如果以

图4-30：CROSS 标识 / 这是一个现实中不可能存在的形体连接，但是可以真实地存在于我们的画面中

图4-31：航运公司标识 /Julie Poth/ 美国 / 将平面的钥匙和平面上的立方体造型巧妙构合，形成新的混维空间

图4-32：草坪护理标识

图4-33：邮递公司标识 / 虚画的信封的造型衬托出了狗的嘴部，看似做了减法，其实做了加法

图4-34：导盲犬学校标识 / 韩国 / 几个随意的色块围合出犬的头部，正是由于其不完整性，反而给人更多的想象空间

图4-35：消费者协会大众网标识 / Jovan Rocanov、Rnna Timkov/ 塞尔维亚 / 直线和弧线的对比中隐现出下雨和撑伞的情态

图4-30

图4-31

图4-32

图4-33

图4-34

图4-35

此作为图形创意的出发点获得灵感，创作的画面巧妙地结合载体上的一些特点，将载体上处于现实世界的元素组织到画面的虚拟世界中去，产生一种特别的趣味。由于在虚画图形中承载物是先于画面存在的，因此人们对它已有一个经验性的认识判断，而当画面绘制其上之后，承载物上的元素在画面中被赋予了新的定义，这种与既有概念产生反差的认知冲突会带给观者刺激，吸引其投入画面中。

（六）形态渐变

两种以上要素相互关系所显示内容的基本形态或骨骼逐渐、有规律地循序变动，给人以富有韵律节奏的自然美感，被称为"渐变"。这类品牌标识图形将两种及以上形态元素分别完整呈现，借由中间的过渡步骤将二者组织在一起，也是形与形的一种组合方式。在图形创意中，这种变化过程往往是非现实的，需要依赖设计师的视觉想象能力去构建变化的步骤。这些变化的根本来源，是数学中的数列所产生的渐变。渐变不仅能够产生节奏和韵律，还能够将两种异质的物体联系起来，这种联系就是将一个物体逐渐改变成另一个新的物体。具体可表现在形的渐变、轻重的渐变、色彩的渐变、疏密的渐变、重心的渐变等。渐变在视觉上给人一种自然、顺畅并充满了韵律、柔美和变幻的感觉。（图4-36—图4-39）

图 4-36：六和广告标识 / 方伟军 / 圆形的减缺渐变
图 4-37：设计协会标识 / 由回形针构成的人体形态完成了由弯曲到直立的形态变化，营造了极富趣味的视觉感受
图 4-38：NEEDOO 有限合作公司标识 / 中国
图 4-39：形与色的渐变形态标识

图4-36

图4-37

图4-38

图4-39

渐变图形作为一种形态想象组合的构造形式有着独有的优势。由于渐变是一个逐渐展开的过程，受众在观看时体验了每一步的变化，参与性强，自然更深入地沉浸到图形营造的世界中。

（七）聚集适形

在品牌标识设计中，设计师也可将单一或相近的元素反复整合构成另一视觉新形象，创造新颖的视觉图形来表达观念。构成图形的单位形态元素多用来反映整合形象的性质特点，以强化图形本身的意义。（图4-40—图4-43）

在品牌标识概念表述中，设计师可以将主体图形设计成圆形、多边形、火焰形、心形等富有意义的特定形态，使其由单一的意义表述兼顾整体造型新意义的表现。这一表现技巧使个体元素通过有目的的造型、组合、搭配，形成令人耳目一新的视觉感受。（图4-44、图4-45）

图 4-40：GARDENS 商店标识 / 澳大利亚 / 不同的植物造型以均衡对称的方式适应于圆形
图 4-41：竞赛标识 / 俄罗斯 / 人物剪影的群化合成聚集形态
图 4-42：国际足联 2010 世界杯标识 / 俄罗斯 / 若隐若现的动物形态围合成足球的造型，活泼而充满趣味
图 4-43：长江商学院标识 / 孟刚 / 形态各异的植物和动物相互融合于方形中
图 4-44：社会活动标识 / 俄罗斯
图 4-45：潘恩全球建筑师大会标识 / 切尔梅耶夫和盖斯玛尔设计公司

图4-40

图4-41

图4-42

图4-43

图4-44

图4-45

第五章　品牌识别与导向
系统设计　077
　一、品牌识别　077
　二、标识导向系统
　　　设计　083

第五章 品牌识别与导向系统设计

一、品牌识别

  品牌识别是多指企业或机构所经管的产品或服务品牌所呈现的识别样貌。不过，在今日品牌概念不断普及的影响下，市场上也经常将企业或机构等以品牌视之，因此企业识别（Corporate Identity，简称CI）也可以兼具品牌识别的功能，归类为品牌识别亦不为过。源于21世纪的欧洲的企业识别，是将企业的理念、素质、经营方针、开发、生产、商品、流通等企业经营的所有因素，从信息这一观点出发，从文化、形象、传播的角度来进行筛选，找出企业所具有的潜在力，找出它的存在价值及美的价值加以整合，使它在信息化的社会环境中转换为有效的标识。（图5-1）

图 5-1：ALFALINK 物流中心品牌设计标识 / 日本 / 佐藤可士和 / 品牌名称 ALFALINK 表达了通过连接串联万物。Logo 以代表陆地的浅绿色和代表海洋和天空的浅蓝色为基础，表达了陆地、海洋和天空无缝连接的链条，两条线代表人、货物、信息和价值的流动，这些流动以 ALFALINK 为起点，永不停歇地向外扩散

图5-1

品牌识别的实施，有利于企业品牌个性的展现，对拓展和占领销售市场起到了积极推动的作用。良好的企业形象容易被社会大众接受。大众对有计划的品牌视觉识别系统，容易产生健全和完善的印象，进而增加对企业品牌的信赖感和认同感。（图5-2）

企业的品牌识别，主要由理念识别（Mind Identity，简称MI）、行为识别（Behavior Identity，简称BI）和视觉识别（Visual Identity，简称VI）三部分组成，简述如下。

（一）MI

从理论上说，企业的品牌经营理念是企业的灵魂，是企业哲学、企业精神的集中表现，同时也是整个企业识别系统的核心。企业的经营理念要反映企业存在的社会价值、企业追求的目标以及企业的经营思想。这些内容，通常尽可能用简明确切的、能为企业接受的、易懂易记的语句来表达。例如麦当劳的理念就是QSCV，即质量（Quality）、服务（Service）、清洁（Cleanliness）、价值（Value）。

（二）BI

BI的要旨是企业在内部协调和对外交往中应该有一种规范性准则。这种准则具体体现在全体员工上下一致的日常行为中。也就是说，员工们的一招一式都应该是一种企业行为，能反映出企业的经营理念和价值取向。

（三）VI

在信息社会中，企业品牌的VI系统几乎就是企业全部信息的载体。视觉系统混乱就是信息混乱，视觉系统薄弱就是信息含量不足，视觉系统缺乏美感就难以在信息

图5-2："团地"住宅小区 Yokodai 住宅小区区域更新的未来项目标识／神奈川县／佐藤可士和／一个以汉字"团"为主题的标识和一个以住宅小区字体为概念的住宅小区字体，其理念是为当前住宅小区面临的老化等问题逐一添加（+）好点子（·）

图5-2

社会中立足。在这个意义上，我们可以断言，缺乏了视觉识别，整个CI就不复存在。（图5-3）

图 5-3：BOTANICAL 餐厅标识

在企业品牌的三大构成中，MI是核心，它是整个企业品牌的最高决策层，给整个系统奠定了理论基础和行为准则，并通过BI与VI表达出来。所有的行为活动与视觉设计都是围绕着MI这个中心展开的，成功的BI与VI就是将企业的独特精神准确表达出来。MI、BI、VI有机结合并标准化，共同构成企业对外品牌形象展示、推广的基础。目前，品牌识别不仅成为企业发展、创立品牌、效益增长的有力武器，更受到各级政府及组织的重视，将其作为树立全新形象、获得公众认同的重要方式。

品牌识别系统导入后，可以强化信息传递的频率和强度，提高企业与产品的知名度，增强广告效果，能加速开发国际市场。企业所属各公司、各部门可将统一的设计形式应用到所有的项目上去。这样做既节省了各自为政的设计制作费用，减少无效的播放时间，避免了视觉传播纷乱、繁杂和互相干扰的现象，又可以提高企业向社会传播信息的质和量，收到更好的广告效果。

品牌的VI系统原则上由两大要素组成。

1. 基础要素

基础要素是以企业品牌标识为核心进行的设计整合，是一种系统化的形象归纳和形象的符号化提炼，包括企业名称、企业品牌标识、标准字体、专用印刷字体、企业标准用色、企业造型或企业象征图案以及各要素相互之间的规范组合。在品牌视觉识别系统的基础要素中，品牌标识、标准字体、标准色、标准字、吉祥物、象征图案之间相互联系又相互区别。

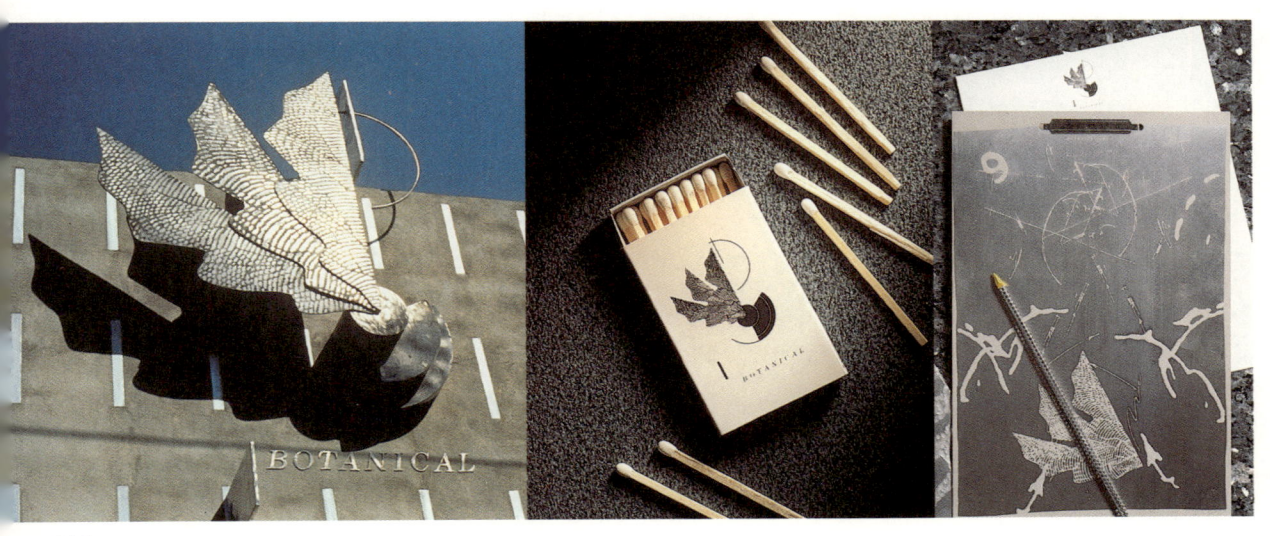

图5-3

（1）品牌标识是企业形象系统设计中的基础与视觉传达要素的核心，是整个VI设计的灵魂，是企业情报传达的主导力量，代表着企业的理念、公司的规模、经营的内容和产品的特质，是企业经营的抽象精神的具体表征。因此，消费者对品牌标识的认同就等于对企业和产品的认同。在企业VI系统的各个要素的展开设计中，品牌标识是必要的构成要素，并且居于首要地位，具有权威性。

（2）品牌标准字体是企业识别系统中基本要素之一，它为企业提供了风格独特的字体。标准字体往往与品牌标识同时使用，运用广泛，几乎覆盖了各种应用设计要素。这种字体具有可读性、说明性等特征，便于塑造品牌形象，提高市场信誉。出于对企业经营范围、产品类别、活动区域、组织结构、工作性质等方面的考虑，单一的标准字体不能满足需要。企业还需为各种印刷品选择一种或几种与企业特点以及印刷内容相协调的专门字体，作为广告、文件等印刷品的标题和正文字体，以突出企业独特的个性。这种字体通常不是专门设计的，而是从通用的印刷字体中挑选的。确立常用印刷字体时要注意与标准字体相呼应，但过分近似会导致单调，应尽量选择常用的几种字体，如黑体、宋体、圆黑体、综艺体等，过于烦琐花哨的字体不适合作常用印刷字体。

（3）品牌标准色是指定作为企业专用的一种或几种特定的色彩。企业标准色也是VI的重要组成部分，它通过色彩的知觉刺激心理反应，显示企业的经营哲学或商品特质。为了在市场竞争中突出自身的特色，企业应选择与众不同的色彩或色彩组合，以达到突出形象的目的，利用企业标准色与商品或包装的一致，达到和谐、统一的效果。正如比赛中常将参加者分为红白两队，就是利用色彩产生清楚识别，达到加强目标意识、增进团队精神的效果。合理的色彩设计运用到各种媒体上，能对人的生理、心理产生积极的影响，给人们带来丰富的联想，吸引消费者的视觉注意力，塑造不同的企业形象。（图5-4）

（4）品牌吉祥物是利用人物、植物、动物等基本素材，通过象征、寓意、夸张、变形、拟人、幽默等手法塑造形象。它以其醒目、活泼、有趣，越来越受到企业的青睐，对提升品牌形象、提高宣传效果产生不可估量的作用。（图5-5）

（5）品牌象征图案是为了有效加强整体形象、烘托气氛、增强视觉冲击力而设计的一种图案或效果，是一种附属视觉识别元素，在应用设计中对其他基本要素产生烘托作用。由于应用设计的项目种类繁多，形式多样，常常需要一种图案，能随着媒介的不同做适度的调整与烘托，这就不是品牌标识、标准字体所能做到的。品牌标识、标准字体在应用上大多采取严肃的形式出现，以树立权威性与信赖感。象征图案则通过丰富多样的造型符号，完善品牌标识、标准字体所树立的企业形象，使其更加完整，更易于识别。象征图案一般采用较单纯的造型作为基本单元，通过这些单元的排列组合，产生丰富变化的图形，而不影响原有的企业形象。它与基本要素保持着宾主关系，便于平面设计的展开运用。

图 5-4：第 17 届亚洲运动会标识
图 5-5：第 17 届亚洲运动会吉祥物
图 5-6：品牌标识演绎的象征图案

象征图案按其表现手法一般分为两类。

❶由品牌标识的造型要素衍变而来，保持其某些特征或局部，造成与品牌标识的"血缘关系"。这类象征图案可以视为品牌标识的延伸，在不同的场合强调品牌标识的语言，加强品牌标识在市场中的视觉冲击力和影响力。这就要求图案的设计语言一定要与品牌标识的设计语言相呼应，包括造型因素和色彩，以免造成视觉误区。

❷另外设计一种造型符号。这类象征图案大多采用圆点、方块、三角、直线、条纹、星形等几何图案，并根据媒体的不同而进行多样的排列组合，产生多变的构成形式，保持与品牌标识图形的协调。（图5-6）

图5-4

图5-5

图5-6

图 5-7：墨尔本展示中心标识

2. 应用要素

品牌识别设计的应用要素包括了一系列视觉和体验元素，具体应用内容覆盖了导向系统、产品造型、包装设计、销售环境、展示空间、广告传播、互动媒体、服务特色、公关活动等全方位的品牌体验活动。这些活动涉及平面设计、产品设计、环境设计、建筑设计、服装设计、广告设计、多媒体设计等多个专业领域。品牌识别设计的基础要素与应用要素共同确保了品牌信息的一致性和连贯性。经过规范组合后的基础要素在企业的各个领域展开应用，例如办公用品、建筑及室内外环境、衣着服饰、广告宣传、产品包装、展示陈列、交通工具等。这些内容相互配合，共同塑造并传达品牌的信息和价值。在设计过程中，确保各个要素间的一致性和协调性至关重要，以便在不同场合都能有效地传递品牌形象。（图5-7）

图5-7

二、标识导向系统设计

（一）功能与规则

标识导向系统是指在特定的空间与信息环境中，通过系统化的设计方法来综合解决信息传递、识别、辨别和形象传播等问题，旨在帮助初次来访者快速获取所需信息的整体解决方案。该系统由标识系统和导向系统组成，两者通常高度融合在一起。（图5-8）

导向系统是一个动态系统，旨在指引、解释和警示，其实质是整合并组织空间环境中的相关信息，以便帮助人们迅速到达目的地。良好的导向设计不仅可以提高空间的使用效率，还能更好地实现空间的基本功能。例如，上海虹桥交通枢纽拥有庞大的停车场，该停车场利用动物和水果的形象来进行区域划分，这样的设计不仅充满创意，而且便于访客快速找到目标区域。

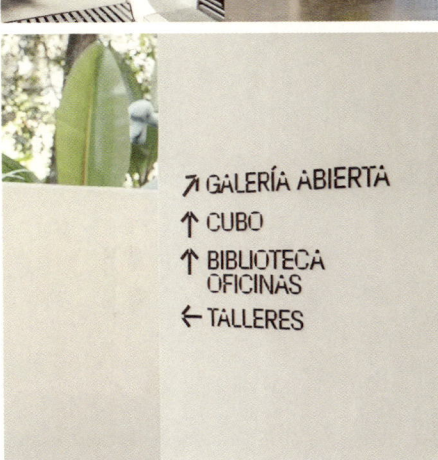

图5-8：MMAC标识导向系统/Sociedad Anónima设计公司通过添加方形切口设计了个性强烈的无衬线字体，其灵感来自Morelense当代艺术博物馆建筑上具有特色的窗户。标识文字的设计也加入了方形切口，完善了图形的细节。立式标牌的方形切口采用镂空处理，展现了导视系统的特色。采用黄色和黑色作为导视系统主色调，红色、绿色和蓝色作为辅助色，信息层级明确，整体视觉效果佳

图5-8

图 5-9：SOLO SAUNA tune 标识与图标设计

标识导向系统的设计是把区域环境的规划理念通过一定的造型系统地表现人的生存环境，强调造型与环境的统一协调。标识系统的设计要遵循以下规则。

1. 识别性

导视系统的设计旨在清晰、高效地传递信息，确保信息易于被识别和理解。标识设计应简洁明了，确保在各种天气条件下都能够轻松辨认。在夜间或光线不足的情况下，设计应考虑增设照明设施。在多雨地区，标识须具备防水功能，以确保在雨中的可视性。导视系统的设计旨在清晰、高效地传递信息，确保信息易于被识别和理解。导向标牌与其所指示的功能属性、位置、路径方向应保持一致，避免产生歧义。（图5-9）

2. 主次性

人们对现实的认识具有明显的层次性特征，因此导视系统设计需要在不同的环境和场合中整合信息的主次性，按照内容的重要程度，对信息元素进行序列化设计。通过层次化和序列化的方法规划导视信息，受众可以在空间移动中更好地理解空间结构，将现实环境中的信息分类、分层处理，使复杂的空间变得有序。为了整理信息的主次性，设计师需要合理运用人体工程学原理，因为不同区域和不同类型的用户对环境标识指引系统的需求是不同的。根据人体工程学的要求，导视信息与人群的距离有着特定的数据对应关系。

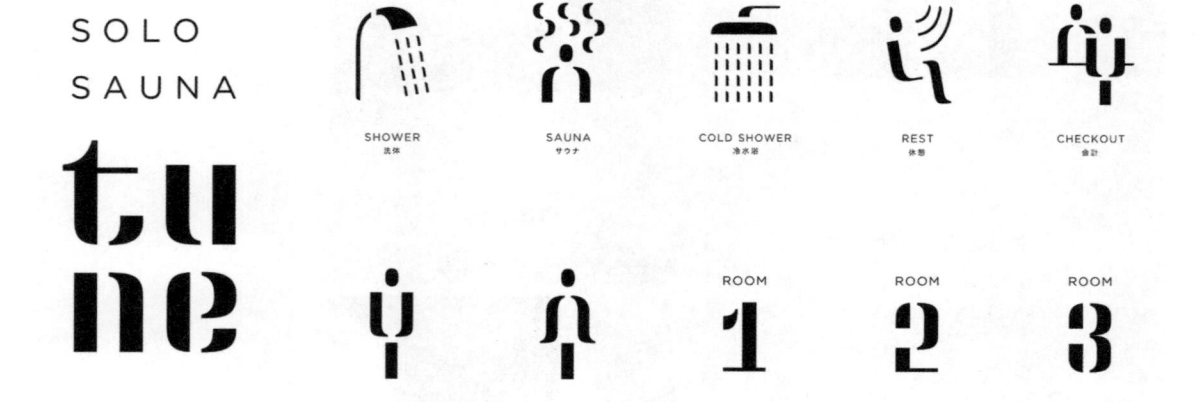

图5-9

3. 文化性

某些设计需要展现特定的文化特色。例如，在设计甘肃地区的标识项目时，因为甘肃大部分地区为黄土高原，如果标识牌采用绿色设计，则可能与周围环境不协调。在标识系统的设计中，设计师可以挖掘和呈现族群文化认同中的视觉概念和元素，以更好地体现设计的地方特色。

4. 规范性

标识设计师必须了解设计中涉及的各种事物的基本属性。熟悉各种事物的属性可以让设计师明确如何选择不同的标识牌材料和制作工艺。随着全球经济一体化的发展，各国之间的交流日益增多，城市导视系统在城市环境和城市形象方面给外国游客留下的第一印象至关重要，甚至会影响城市的文化交流和经济发展。在色彩、图形、字体设计和文字内容等方面实现规范化，城市的整体形象和知名度可以得到提高。（图5-10）

图 5-10：嘉加集团标识导向系统 / 徐宸熹

图5-10

5. 可持续性

在进行标识导向系统设计时，设计师还要考虑自己的社会责任感，尽量选用不污染、不破坏环境的环保材料。标识设计师一定要了解设计里所涉及的各种事物的基本属性。可持续发展的导视在城市的未来发展中会逐渐形成一种趋势，它注重对空气质量和环境的影响，考虑如何减少或消除在导视设计生产过程中的资源浪费。设计师在促进可持续发展方面能运用的简单方法是将可持续发展放在设计报价或是设计技术要求中，以此吸引厂家评估。施工方面，设计师不仅需要考虑施工，也要考虑安装标识的技术结构，在安装过程中，避免使用有毒的黏合剂，选择绿色环保材料的零部件以保证拆解后材料能有效地回收。（图5-11）

图 5-11：绿洲控股标识导向系统 / 徐宸熹

图5-11

（二）整体规划设计

标识导向系统规划设计是一项系统工程，它结构严谨、逐层深化、节点集成，并且各个组成部分相互关联、相互影响。这项工作旨在对项目的形象识别系统进行规范化和系统化的规划，设计出既个性化鲜明，又与建筑、景观和装饰环境相协调的图像和文字，以表达人们的意图和追求。（图5-12）

图 5-12：新象限标识导向设计方案 / 上海立朗智能标识有限公司主要入口标识的设立与位置和效果图

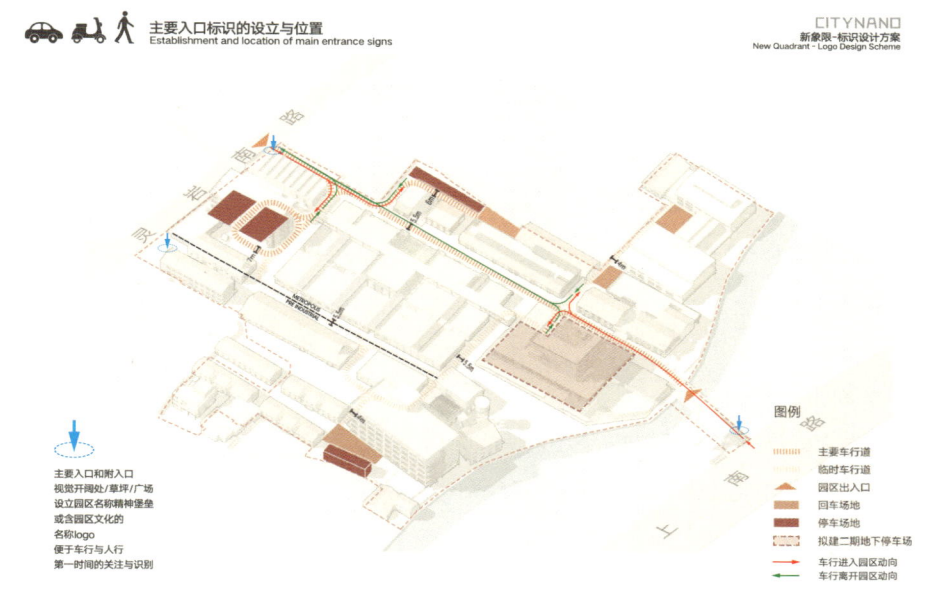

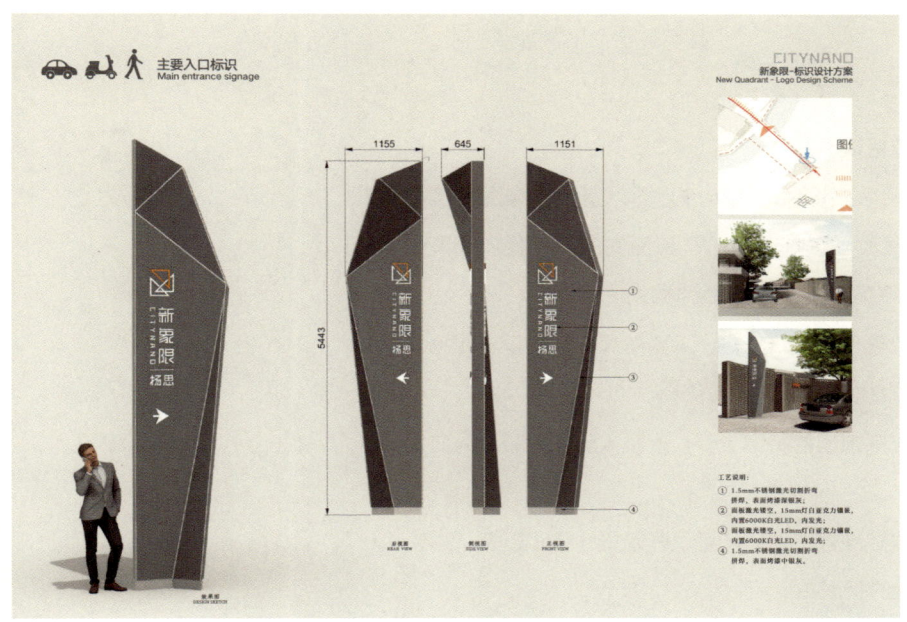

图5-12

标识导向系统设计过程复杂，它需要综合分析环境，了解地域文化、乡土民情、建筑风格、城市人口状况、道路交通情况、市民素质、区域特点、游客数量等多个因素，进而确定标识系统的总体框架，并进行区域细分。布局上要特别强调以下三个原则：合理性——分布均衡，主次分明；流畅性——导向清晰，流程顺畅；全面性——覆盖全面，无遗漏。这三个规划原则在标识系统规划中缺一不可，它们彼此关联、相互制约和影响。设计师需要全面考虑并统一布局。在一个区域环境中实现标识系统的合理性并非易事，设计师不仅要考虑专业因素，还要考虑项目委托方的期望。面对众多因素，设计师的首要任务是确保规划的合理性，即分布均衡且主次分明。

标识导向系统的设计是在城市、建筑、景观环境以及室内外装饰的基础上进行的综合性工程，它能够控制区域的运行流程并确保有序运作。

在标识导向系统设计的过程中，以下几个问题需要注意：

信息完整性：确保所有必要的信息都被纳入考虑；

区域发展目标：明确区域的发展方向；

主次分明：区分重点区域；

节点关系清晰：明确不同节点之间的联系；

环境协调：确保标识系统与城市、建筑、景观和装饰环境相协调；

设计与制作紧密相连：只有科学合理地完成设计，才能确保后续制作和安装工作的顺利进行。

标识系统规划的流程包括以下几点。

❶收集项目资料：包括客户提供的建筑总规图、景观方案图、建筑效果图、景观施工图、景观效果图、装饰设计图、装饰施工图和装饰效果图等资料，以及设计师通过现场考察和其他途径收集的相关资料。

❷专业分析：根据每个项目的建筑风格、平面布局、容积率、绿化率等因素规划项目的理念、风格和方向。

❸流线分析：这是对未来规划的关键步骤，涉及人流方向和出入口人流量的大小等问题。

❹设计方案：在完成上述准备工作后，可以开始设计标识造型、颜色和材质的使用建议，并绘制最终的平面布点图。

（三）导向节点元素

品牌导向系统是一个由众多节点元素按特定关系组成的整体，这些节点元素是构成系统的必要组成部分，也是系统功能发挥的基本单元。仅仅拥有各个元素并不足以形成一个完整的系统，它们还需要依据一定的架构和规律串联起来。当节点元素按照特定的架构组织起来时，系统就能展现出一套完善的功能，主要用于对系统内部特定对象的指引和管理。

在标识系统中，节点元素指的是在不同区域环境中设立的关键点。例如，在一个景区中，多个景点之间的连接和指引就是通过这些标识系统的节点来实现的。标识系统通过规范各个节点的引导方式，并与建筑元素相结合，形成统一的视觉形象。这样一来，游客在游览景区时就能深刻感受到景区所传达的文化氛围。（图5-13）

图 5-13：嘉定新里社区中心标识导向系统设计 / 徐宸熹

图5-13

（四）视觉信息元素

1. 版面信息

标识设计中的版面信息设计不同于传统的平面设计，它主要服务于动态的人群（如行人和车辆）以及静态的对象。标识牌上的版面信息应当简洁明了，避免过多过密的信息，以确保行人能够迅速获取所需信息。在复杂背景环境中，版面信息的变化应尽量减少。除了标识牌外，设计师还可以利用墙体、地面等介质进行版面信息的设计。尽管标识的信息量可能较大，但设计师可根据不同场合的重要性采取以下策略：重要信息应能在远处被看到，在显眼位置放置重要信息，使用颜色区分信息以提高重要信息的识别度。

2. 文字形态

标识上的文字形态设计需综合考虑人体工程学、心理学和美学原理，以满足人们的视觉和审美需求。在文字的选择和排布上，设计师要确保内容通俗易懂，适用于不同年龄层次的用户，并考虑到外国用户的文字需求。（图5-14、图5-15）

图 5-14：喜来登酒店数码导向标牌
图 5-15：中华人民共和国澳门特别行政区道路导向标牌

图5-14

图5-15

3. 图形形态

在众多的艺术样式中，图形是最具符号化特征的艺术形式之一。图形设计是指将环境中的物体或者现象通过一定的形状表现出来，是设计师意念的表达。在标识设计领域里，图形定位主要以视觉形象承载着信息传递与沟通的职能。图形的创新是根据文化定位来寻找切入点的，在图腾、图形、文字、植物、动物等方面去提取特点，以充分反映品牌的信息、个性与魅力。导视要围绕文化和风格去进行定位，目的是要迅速抓住人的情绪和视觉印象。用图形代替文字的解说，是标识系统的一大特点。特别是在交通标识系统中，以图形代替文字的情况更为突出。但作为交通标识的图例是一种法定的图形符号，必须严格遵守国家交通部门的有关规定，对图形的形状、色彩等，不可随意更改。图形在标识设计中应遵循"醒目清晰、通俗易懂"的原则。无论什么样的标识，这个原则是普遍适用的，也是衡量一套标识系统好坏的重要指标。（图5-16）

图 5-16：大学校园环境导向识别系统 / 徐宸熹

图5-16

4. 结构设计

标识系统造型中的结构设计必须遵循人体工学原理，需要设计师研究视距、长度、宽度、体量、整体与部分之间的关系，以及在不同环境、不同空间范围内的视觉感受和环境对人心理的影响，从而最终确定文字图形和尺寸大小等信息。结构定位是对物体的外观及内部构造进行系统安排而产生的工作，并通过文字或尺寸表现出来的图纸或工艺的说明。结构设计主要包含两方面内容：外部结构和内部结构。其中，外部结构包含单一材料本身的结构设计以及与其他材料相搭配的结构设计。很多标识设计图中都会包含对工艺的详细解析，这些设计图都是由设计师来完成的，作为标识行业的从业者，设计师的责任重大。（图5-17、图5-18）

图 5-17：嘉定新里社区中心标识导向系统设计／徐宸熹／一层立牌标识的结构图

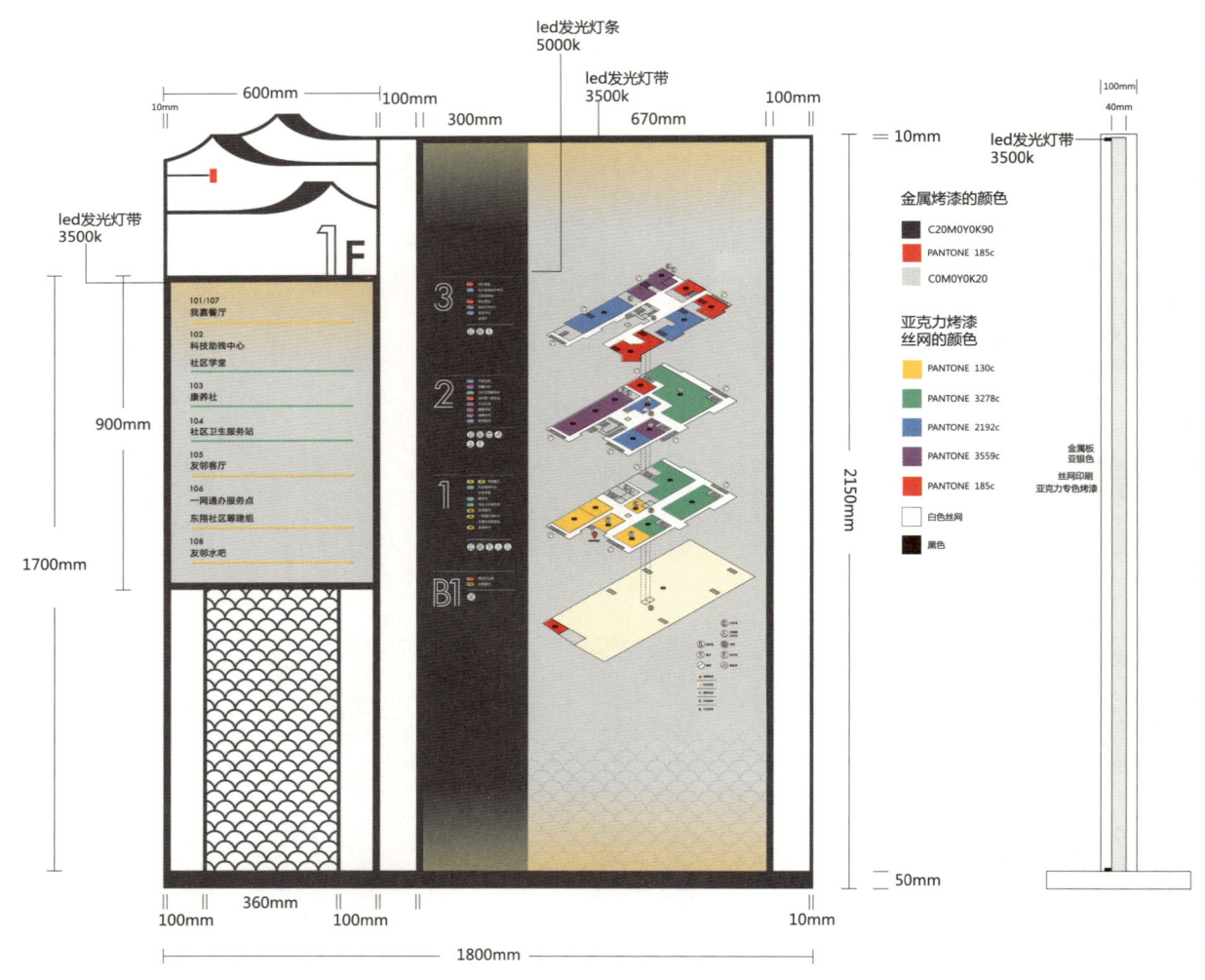

图5-17

5. 材质选择

材质是实现平面图形和结构的一种表现介质，设计师针对项目使用材料来实现创意和想法。视觉和触觉在导视中有着重要的感知作用，通常人们都是用这两种感觉去感受材质的内容。针对不同的设计风格，如现代的、古朴的、华丽的等，所选用的材质、工艺、处理方式也是不同的，但其中心点还是环境对象本身。

6. 施工图设计

这里的施工图概念属于建筑层面，也可叫制作图，在标识设计中经常要用到，标识设计师不仅要看得懂，还要学会绘制。其中，施工图中的节点、尺寸、文字内容、安装结构等重点信息一定要注明，让人一目了然。所有的施工图完成后就进入制作阶段，制作的过程中可能会产生局部变更，这时就要进行变更设计。最后的竣工效果图是在变更设计与全部项目验收合格完成后制作的。（图5-19）

图 5-18：嘉定新里社区中心标识导向系统设计 / 徐宸熹 / 一层立牌标识的剖面图

图 5-19：嘉定新里社区中心标识导向系统设计 / 徐宸熹 / 一层立牌标识的效果图

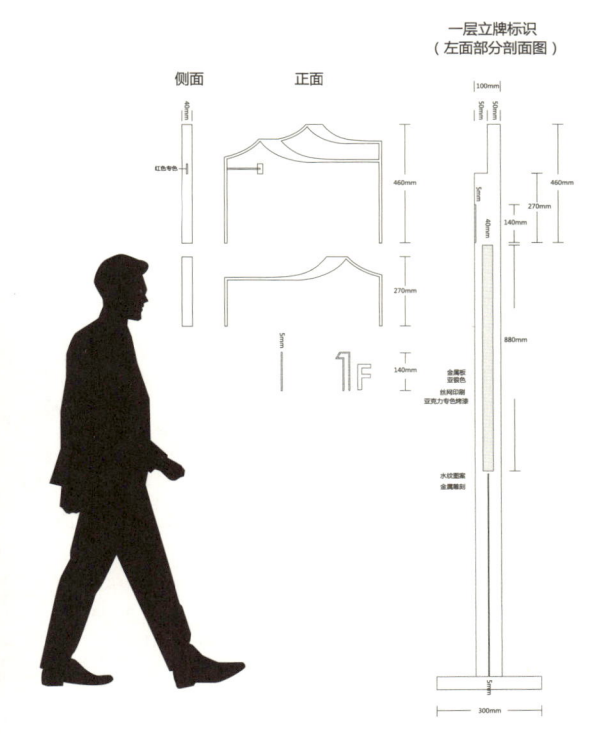

图5-18

图5-19

第六章　品牌标识设计案例　095

　　一、冰雪怪　095
　　二、Atlas 厨具公司　096
　　三、88 号艺术空间　097
　　四、一嗨　098
　五、韩国安东城市（方案）　099
　六、VESPA 摩托车　100
七、反对青少年犯罪运动　101
八、俄罗斯科斯特罗马城市　102

第六章　品牌标识设计案例

一、冰雪怪

　　冰雪怪（Ice Demon）冷饮品牌的重塑，致力于打造"高品质灵感冰品品牌"，为消费者创造全新体验。品牌通过品牌标识与IP一体化的构建，创造"自由+快乐+健康=冰雪怪"的价值内核，塑造更具生命感的品牌标识与IP形象，传递冰雪怪主张的"BE REAL, BE FREE"精神，追求纯粹的自由与快乐，以极高的生命力来构建冰雪怪的纯粹世界。

　　冰雪怪产品受众以年轻消费群体居多，因此需要更多元的创意玩法与活力输出，将"怪"表达得更单纯、更直接，让品牌与消费者之间的情感互动回归最纯粹的原点。品牌标识以色彩鲜明的超级符号与品牌字体进行创意结合，logo灵活百变，可结构性延展创意，围绕一点创建多元化输出，为消费者提供丰富的想象，创造富有趣味及年轻感的新消费美学体验，打造高识别度的冰雪怪品牌视觉。作为不固化形态的冰雪怪IP形象，每只小怪拥有自由体态与迥异性格，通过发掘不同爱好，与自然万物建立趣味联系，自由焕发冰雪怪的无限生命力。它们将灵活多变呈现给受众，以最纯粹的姿态传递趣味价值观，与消费者达成了有效的情感共鸣。该品牌标识获2023年红点奖。（图6-1—图6-5）

图 6-1：冰雪怪标识与 IP 一体化重塑 / 元则上品牌创意咨询 & 设计 / 图文综合的标识形态，创意整合了文字、冰雪怪形象的造型特征。创意打破传统边界，强调形态灵活多变，真实自由，全方位打造高品质灵感冰品品牌

图 6-2：重塑前标识 / 小怪雪糕图形加中英文识别，偏低龄幼稚，缺乏年轻新世代属性，颜色偏闷，不通透，与夏天冷饮给人带来的清凉感受相矛盾

图 6-3：方案一 / 在原 logo 基础上优化，避免太过烦琐，增加颜色明度与纯度，适当优化中文字体年轻表现力，但此优化幅度不足以解决品牌形象所面临的所有问题

图 6-4：方案二 / 这个标识形态开始引入超级识别符号的概念，抓取纯真内核，简化颜色，图形去描边，做极简处理，保留其最具识别度的"歪头""斜眼""头部波浪"特点

图 6-5：方案三 / 这个标识形态开始探索图形与文字结合的创意趣味性，将小怪融入字体内部结构，考虑其动态趋势在整体结构中的契合度与合理性。中英文字体设计强化年轻感受，更契合冰饮品类属性

图6-1

图6-2

图6-3

图6-4

图6-5

二、Atlas 厨具公司

Atlas 厨具公司是一个旅游公司专门成立的为爱好野外郊游的客户提供特别的野餐服务的公司。

设计师罗兰·穆里洛（Roland Murillo）解释道："我保存着一个草图设计的本子，有时候在做一项工作的时候，会有其他不相关的想法冒出来的。有一天，我刚好在我的草图本子画一个厨师在一个飞行的叉子上的品牌标识。我知道最终会有个公司过来并跟我说：'我们是一个提供餐饮招待服务的公司……'然后我就说：'我已经注意到你们了！我乐意为你们设计。'当 Atlas 这个项目来的时候，我就想，现在这个飞行叉子上的厨师终于等到了他的新主人！他们高兴地说：'我们会考虑这个，但是你能不能也给我们另外的一些选择？'我也很高兴地说：'可以。'所以我就又在想其他的一些方案，因为经常有客户不会选择你自己喜欢的那个。"之后，罗兰·穆里洛又设计了一个烟柱是厨师帽子的火车、自由行走的银制品餐具、球状的菜盘、飞翔的 Atlas 单词带着烟雾状的厨师帽子、一个被咬了一口的地球。（图6-6—图6-11）

图 6-6：Atlas 厨具公司标识 / 罗兰·穆里洛 / 坐在飞叉上的厨师形象诙谐幽默，令人过目不忘

图 6-7：Atlas 厨具公司方案一 / 罗兰·穆里洛 / 烟柱是厨师帽子的火车，运用了置换同构的创意手法

图 6-8：Atlas 厨具公司方案二 / 罗兰·穆里洛 / 自由行走的银制品餐具，运用了置换同构的创意手法

图 6-9：Atlas 厨具公司方案三 / 罗兰·穆里洛 / 球状的菜盘，运用了地球和餐盘盖的双关表现

图 6-10：Atlas 厨具公司方案四 / 罗兰·穆里洛 / 飞翔的 Atlas 单词带着烟雾状的厨师帽子，运用了厨师帽和烟雾的双关表现

图 6-11：Atlas 厨具公司方案五 / 罗兰·穆里洛 / 被咬了一口的地球，虚化图形的创意表现

图6-6

图6-7

图6-8

图6-9

图6-10

图6-11

三、88号艺术空间

88号艺术空间不仅服务于全年龄段的学习者，还是一个集视觉艺术教育、展览和创作于一体的多元平台。它融合了培训、讲座、画廊展示、工作坊及艺术家驻留等多种形式，倡导"创意·艺术·生活"的理念，致力于传播艺术化的生活方式。品牌设计重点在于体现以下几个核心元素：一是复合型艺术空间的概念，二是"创意·艺术·生活"的品牌精神，三是面向所有年龄层的服务特性。此外，设计还需考虑品牌的辨识度、趣味性以及在竞争中的独特性。

为此，在设计过程中，我们既着眼于"88号艺术空间"这一名称进行字体创意，同时也从名称、理念和空间特点出发，提炼出如88与圆形、空间图形、88的手势、眼睛、阶梯、笑脸等几何图案作为视觉符号。（图6-12—图6-15）

图 6-12：88号艺术空间标识方案一 / 张泊宁 / 方案以创意制造机、阶梯等概念作为灵感来源，同时结合88号艺术空间独特的内部结构作为标志视觉呈现，基本符合了"创意"与"艺术"这两个最核心的品牌视觉定位

图 6-13：88号艺术空间标识方案二 / 张泊宁 / 方案以文字设计为主，字体线面对比强烈，对各年龄段人群来说都具有较强的辨识度，同时具备一定的设计感

图 6-14：88号艺术空间标识方案三 / 这是一个偏年轻化的方案，由88、EIGHT、笑脸和眼睛这几个趣味图形组成，容易带给人轻松愉悦的感受，具有趣味性和视觉冲击力，传达了"玩"艺术的品牌理念

图 6-15：88号艺术空间标识方案四 / 张泊宁 / 该方案是从方案二的基础上延伸出的多形态标识方案，在一定框架内，通过融合学员的各类艺术作品可以不断生成新的标识形态

图6-12

图6-13

图6-14

图6-15

四、一嗨

一嗨（ehi）为汽车租赁企业，提供休闲旅游、通勤代步、商务出行等多种场景用车服务。现在，身份的转化、品牌认知的信息传递需要对品牌标识进行升级。品牌追求创造行业多元体验，打造更具科技感、更具智慧、更有人文气息的活力品牌。企业品牌标识是它自身的简写，是一个讲述了品牌文化、行为和价值观故事的视觉线索。一嗨在原有的基础上进行升级，结合品牌标识演变趋势，设计师的创意应该注重品牌专业严谨、科技兼具人文、高级且友好的焕新方向，创造精彩和充满活力的品牌身份。

最终的更新在继承颜色系统的基础上提升其亮度，同时对品牌标识字体着力打造：解决了视觉字重不平衡，笔画粗细缺乏规律性及合理性，正负形视觉面积不平衡，科技感、未来感薄弱等问题，整体上减少圆润感，使笔画粗细视觉统一，增加未来科技感、智能感；同时统一了字重，提升字体的易读性，保留了品牌辨识度，降低了字面高度，字体水平重心下移，向用户传递品牌的安全感、科技感。该标识的调整变化过程传达出品牌的变革潜力，在视觉上代表了创造力、活力和友好。（图6-16—图6-20）

图 6-16：一嗨标识 / 元则上品牌创意咨询 & 设计 / 字体凝聚科技兼具人文的品牌形象

图 6-17：一嗨标识重塑前 / 整体圆润，笔画粗细视觉不统一，笔画粗细规律性需明确，缺乏未来科技感、智能感

图 6-18：一嗨标识方案一 / 继承了字体原有记忆点，加入科技属性，但优化幅度较小且细节不够，弧度圆角合理性及规律性需加强，颜色稍显沉闷

图 6-19：一嗨标识方案二 / 这个标识形态去除了原有品牌记忆点，字体走向科技感，笔画过于硬朗，没有温度，缺乏人文属性，塑造出品牌形象的新转换

图 6-20：一嗨标识方案三 / 这个标识形态在原有的标识上加入一点方角，但整体缺乏厚重感

图6-16

图6-17

图6-18

图6-19

图6-20

五、韩国安东城市（方案）

在设计定位和用户调研的基础上，设计师对韩国安东市品牌标识展开多形态表现的方案设计。方案根据设计定位时针对安东民俗文化、儒家文化、自然生态划分品牌标识分解形态后，根据多形态品牌标识的多意特点，针对每个指向的应用范围，归纳个形态单独使用时的应用范畴和同时使用时的应用区域。以下四个多形态品牌标识方案都含有三个可单独使用的形态。第一个是韩国"河回"面具形态的视觉化表现，代表安东丰厚的民俗文化，该形态可用于安东市政府办公及媒体网站宣传等方面；第二个形态可代表安东市的儒家文化，儒家文化长时间影响着韩国人的精神及文化，因此该形态可用于安东市的城市文化宣传和场馆旅游领域；第三个形态象征安东的自然环境，因此该形态可用于安东市的自然观光和生态旅游领域。（图6-21—图6-24）

图6-21

图6-22

图6-23

图6-24

图6-21：韩国安东城市标识方案一／黄艺珍／按照设计调研中对世界主要城市标识的标识颜色分析结果，设计过程中选择较纯的亮色，紫色面具是最基本形态，代表安东的民族文化，绿色面具象征儒家文化，黄色的女性面具加上盛开的红梅

图6-22：韩国安东城市标识方案二／黄艺珍／第二套方案依然以面具风格为主要元素，造型更加简洁，给人以轻快、幽默感。设计突出了"河回"面具的表情，加上明亮色的使用，力求让大众感觉更轻松有趣。同时设计保持标识的面线对比的整体统一性，进一步强化安东和面具文化的直接关系，保持品牌解读的独特性

图6-23：韩国安东城市标识方案三／黄艺珍／设计师将安东的民俗文化、儒家文化和自然特征三个主题的视觉元素融入设计之中，一形一意。左边形态的标识表现为造型夸张的"河回"面具和表演时表演者围裹的布料，是"河回"面具表演的独特的服装之一；中间图形形态是儒家文化的帽子；右边图形表现是梅花，象征安东市的自然生态

图6-24：韩国安东城市标识方案四／黄艺珍／第四套方案图形与第三套方案相似，运用了色彩更为明快的表达

六、VESPA 摩托车

　　设计师克里斯·帕克斯（Chris Parks）接受了一项任务，为一家小型摩托车店创建品牌标识形象。该摩托车店此时尚未明确其未来的发展方向，即是要开一家专注于销售新旧款意大利小型摩托车的店铺，还是成为知名意大利摩托车品牌VESPA的官方经销商。基于客户的不确定性，克里斯·帕克斯被要求准备两套设计方案，每套方案都要捕捉不同的品牌精神和市场定位。

　　第一套方案是针对VESPA经销商的身份设计的品牌标识。这一设计任务很复杂，因为它不仅要体现VESPA品牌的经典元素，比如其标志性的四分之三侧面摩托车图案，以展现VESPA独特的品牌形象和价值，还需要创新地将这些元素融入新品牌标识中。在这一过程中，克里斯·帕克斯选择了既保留VESPA的品牌文字，同时又将摩托车的前轮改为带有行星圈的设计，这种设计不仅保留了VESPA原有的识别度，同时也增加了新的视觉吸引力和品牌特色。（图6-25、图6-26）

　　第二套方案被命名为"摩托车小行星"，这是一个充满趣味性和创意的名字，目的是吸引那些对复古摩托车文化和独特设计感兴趣的顾客。设计师从20世纪60年代的摩托车文化中汲取灵感，创造了一个结合摩托车元素和行星主题的品牌标识。克里斯·帕克斯巧妙地将摩托车的车轮设计成了类似行星环的样子，既体现了品牌的玩味性质，又巧妙地呼应了店铺名字中的"小行星"概念。（图6-27—图6-31）

　　经过考虑，客户选择成为摩托车品牌VESPA的官方经销商，并最终选择了图6-25中的方案，也就是将VESPA摩托车前轮设计成带有行星圈的品牌标识作为其未来店面的品牌形象。这一选择不仅符合VESPA品牌的核心价值，而且通过加入新颖的设计元素，成功地吸引了潜在顾客的目光，提升了品牌价值和市场竞争力。

图6-25：VESPA 摩托车标识／克里斯·帕克斯／在意大利有名的摩托车制造商 VESPA 标识的基础上加入了行星圈造型来替换前轮胎

图6-26：VESPA 摩托车标识方案／克里斯·帕克斯／为意大利有名的摩托车制造商 VESPA 做销售代理时的方案

图6-27：VESPA 摩托车标识方案一／克里斯·帕克斯／没有加入行星造型的方案

图6-28：VESPA 摩托车标识方案二／克里斯·帕克斯／对称构图的具象表现

图6-29：VESPA 摩托车标识方案三／克里斯·帕克斯／摩托车侧面造型表现

图6-30：VESPA 摩托车标识方案四／克里斯·帕克斯／加入行星造型，只作为普通摩托车销售商店使用的方案

图6-31：VESPA 摩托车标识方案五／克里斯·帕克斯／作为普通摩托车销售商店的方案

图6-25

图6-26

图6-27

图6-28

图6-29

图6-30

图6-31

七、反对青少年犯罪运动

　　反对青少年犯罪运动品牌标识通过两个粗犷的图形，体现反暴力运动刻不容缓，红与黑的搭配进一步增加了紧迫感。设计师草拟的几个可能的方向，包括和平鸽、表示停止暴力的手、代表家庭的脸和反映全美运动性星形和条纹。最终品牌标识和方案相比强烈而充满力度，并运用了虚画表达的手法。从方案稿中我们可以看出，众多的方案对品牌标识的最终确立起到了很好的辅助作用。（图6-32—图6-41）

图 6-32：反对青少年犯罪运动标识 / FELIX SOCKWELL/ 公益活动标识

图 6-33—图 6-41：反对青少年犯罪运动标识方案 / 在 Illustrator 中对草图进行修改后得到的具体的方案

图6-32

图6-33

图6-34

图6-35

图6-36

图6-37

图6-38

图6-39

图6-40

图6-41

八、俄罗斯科斯特罗马城市

2020年，平面设计师阿泰米·列别杰夫（Artemy Lebedev）为科斯特罗马（Kostroma，俄罗斯欧洲部分中部城市）设计了一个全新的城市品牌。阿泰米·列别杰夫运用了当地著名的奶酪和黑鱼子酱以及品牌标识性建筑等极具地域特色的元素。各种元素连在一起围成一个圈，就像人们手牵手一样，多角度地展示了这座城市的文化特色。在该品牌标识的动态展示中，设计师更加偏向于创意性，将建筑、食物、人物等进行扁平化的图形设计，在有限的时间内，设计师利用图形的形变、色彩的更替以及元素的替换，完成了情节的旋转连接，品牌标识在动态呈现过程中体现了趣味性并传达了城市的品牌特点。（图6-42—图6-44）

图6-42：科斯特罗马城市新标识元素来源提取
图6-43：科斯特罗马城市新标识
图6-44：科斯特罗马城市新标识动态展示变化图

图6-42

KOCTPOMA

图6-43

KOCTPOMA 镜号1
KOCTPOMA 镜号2
KOCTPOMA 镜号3
KOCTPOMA 镜号4
KOCTPOMA 镜号5
KOCTPOMA 镜号6
KOCTPOMA 镜号7
KOCTPOMA 镜号8
KOCTPOMA 镜号9

图6-44

主要参考书目

[1] [美] 艾丽娜·惠勒. 品牌标识创意与设计 [M]. 上海：上海人民美术出版社，2008.

[2] 赵志勇. 标志设计 [M]. 武汉：湖北美术出版社，2009.

[3] 张西利. 标识系统设计指南 [M]. 南宁：广西师范大学出版社，2016.

[4] 王桂拓. 企业·品牌 & 识别·形象 [M]. 台北：全华图书股份有限公司，2005.

[5] 王绍强. 标志解构——全球创意标识设计与品牌塑造 [M]. 北京：北京出版集团公司、北京美术摄影出版社，2017.

[6] 张勇. 世界最新标识设计（下）[M]. 长沙：湖南美术出版社，2006.

[7] 凯文. 品牌标识法则 [M]. 南昌：江西美术出版社，2011.

[8] 许彬. 美国公共视觉传播 [M]. 沈阳：辽宁科学技术出版社，2006.

上海市属高校应用型本科试点专业（上海师范大学视觉传达设计专业）建设经费支持项目

图书在版编目（CIP）数据

品牌标识设计 / 赵志勇编著 . -- 上海：上海人民美术出版社，2025.1
（新视觉力）
ISBN 978-7-5586-2806-1

Ⅰ. ①品… Ⅱ. ①赵… Ⅲ. ①商标设计 Ⅳ. ① F760.5

中国国家版本馆 CIP 数据核字（2023）第 189842 号

品牌标识设计

编　　著：赵志勇
责任编辑：张　璎
封面设计：陈　晶　宋　滔
版面设计：梁有芹　綦心宁
版面制作：黄婕瑾
技术编辑：王　泓
出版发行：上海人民美術出版社
　　　　　上海市闵行区号景路 159 弄 A 座 7F
　　　　　邮编：201101
网　　址：www.shrmbooks.com
印　　刷：上海丽佳制版印刷有限公司
开　　本：787×1092　1/16　6.75 印张
版　　次：2025 年 1 月第 1 版
印　　次：2025 年 1 月第 1 次
书　　号：ISBN 978-7-5586-2806-1
定　　价：68.00 元